SoPäd | GEISTIGE ENTWICKLUNG

FÜR FÖRDERSCHULE UND INKLUSION

Sinneswahrnehmung fördern

MONA MERGEMEIER

Ein Karten-Set mit Spielen, Übungen und Ideen

Verlag an der Ruhr

Impressum

Titel

Sinneswahrnehmung fördern

Ein Karten-Set mit Spielen, Übungen und Ideen

Autorin

Mona Mergemeier

Icons auf dem Umschlag und im Innenteil

© Sudowoodo – Shutterstock.com

Druck

Salzland Druck GmbH & Co. KG, Staßfurt, DE

Verlag an der Ruhr
Mülheim an der Ruhr
www.verlagruhr.de

Geeignet für die Klassen 1–13

ISBN 978-3-8346-6285-9

PEFC
PEFC/04-31-2251

PEFC-zertifiziert
Dieses Produkt stammt aus nachhaltig bewirtschafteten Wäldern und kontrollierten Quellen
www.pefc.de

Inhaltsverzeichnis

Vorwort

Da die **Sinne** das tägliche Leben in bewusster und unbewusster Weise beeinflussen, spielt der hier thematisierte Lerngegenstand eine grundlegende Rolle in der Lebenswelt von heranwachsenden Kindern und Jugendlichen. Mit dieser Lernkartei bieten sich insbesondere für Lernende[1] mit Förderbedarf viele Möglichkeiten, Rückschlüsse auf den eigenen Körper und die Rolle in der eigenen Lebenswelt zu ziehen. Neben einer verbesserten **Körperwahrnehmung** können die Übungen auch ein gesteigertes Konzentrations- und Aufmerksamkeitsvermögen bewirken.

Die einzelnen Anwendungsvorschläge sind in folgende Bereiche aufgeteilt:

- Tastsinn
- Hörsinn
- Sehsinn
- Geruchssinn
- Geschmackssinn

Mithilfe der einzelnen Wahrnehmungsbereiche sollen Zugänge und Kanäle geöffnet bzw. gestärkt werden, die Lernenden mit Förderbedarf häufig verwehrt sind. Insbesondere bei Kindern und Jugendlichen mit dem Förderschwerpunkt Geistige Entwicklung und mit Schwerstmehrfachbehinderungen eignen sich die **basalen Angebote** der Kartei zur Verbesserung ihrer Wahrnehmungsfähigkeiten.

[1] *Der Verlag an der Ruhr legt großen Wert auf eine geschlechtergerechte und inklusive Sprache. Daher nutzen wir neutrale Formulierungen oder das Gendersternchen, um alle Menschen unabhängig von Geschlecht oder Geschlechtsidentität einzuschließen.*

Auf den einzelnen Karten finden sich **viele einfache Ideen**, die sich schnell umsetzen lassen. Die für die Übungen benötigten Materialien sind oft schon zu Hause vorhanden, sodass sie nicht extra erworben werden müssen.

Die Ideen können in unterschiedlicher Art und Weise eingesetzt werden (s. dazu auch das Kapitel „Wie die Karten eingesetzt werden können“). Im Unterricht bieten sich viele Gelegenheiten, um sie (nicht nur bei dem naheliegenden Thema „Sinne und Körperwahrnehmung“) zur Vermittlung von Lerninhalten zu verwenden. So kann z. B. das Einüben des Kopfrechnens im Mathematikunterricht mit der Förderung der **auditiven Wahrnehmung** durch das Zählen von wahrgenommenen Tönen kombiniert werden. Ebenfalls eignen sich Übungen zur **visuellen Wahrnehmung**, wie z. B. Farben zuordnen oder Formen puzzeln, um die Entwicklung der mathematischen Vorläuferfähigkeiten der Lernenden spielerisch zu unterstützen und ihnen den Zugang zu einigen Teilbereichen der Mathematik (z. B. Geometrie) zu erleichtern. Beim Thematisieren der Jahreszeiten oder von Wetterphänomenen können **taktile Wahrnehmungsübungen** zu Temperaturen eingesetzt werden. Im Zusammenhang mit dem Thema „Gesunde Ernährung“ bietet sich die Durchführung von Geschmackstests zur **gustatorischen Wahrnehmung** an. Die Übungen können dabei sowohl als fester Bestandteil von Ritualen als auch in frei gestalteten Phasen (Freiarbeit, Pausensituationen ...) durchgeführt werden. Auch Projekte zur **Wahrnehmungsförderung** können mithilfe der Ideen aus der Kartei gestaltet werden.

Im Förderschwerpunkt Emotionale und Soziale Entwicklung helfen Wahrnehmungsübungen den Lernenden, sich zu beruhigen, sich auf einzelne

Bereiche ihres Körpers zu fokussieren und sich so besser kennenzulernen. Da die Ideen teilweise experimentellen Charakter haben, sorgen sie zusätzlich für ein erhöhtes Interesse, was wiederum zur Förderung der Konzentration führt.

Bei der Umsetzung ist es wichtig, die **individuellen Bedürfnisse** der Lernenden zu berücksichtigen. Auch die mitgebrachten Ressourcen der einzelnen Personen (kognitive, motorische und weitere Fertigkeiten) sollten Beachtung bei der Auswahl der Übung finden. Die Vorschläge in dieser Kartei beziehen bisherige Alltagserfahrungen mit ein und zielen darauf ab, das **ganzheitliche Lernen** zu ermöglichen sowie die **Selbstwirksamkeit** der Kinder und Jugendlichen zu aktivieren. Vor allem in den ersten Lebensjahren ist die Förderung der einzelnen Wahrnehmungsbereiche unerlässlich. Bei Lernenden mit Beeinträchtigungen beginnt diese Förderung häufig erst später, da der Fokus in den ersten Lebensjahren noch woanders liegt.

Alle Übungen sind darauf ausgerichtet, die verschiedenen Wahrnehmungsbereiche kennenzulernen und auf unterschiedlichen Wegen zu verinnerlichen. Es werden alle Sinne des Menschen angesprochen, sodass deren Förderung als Ziel im Fokus steht. Die einzelnen Ideen in dieser Kartei bezwecken mit ihren **basalen Vorgehensweisen** den Transfer der erkannten Wahrnehmungen, wie z. B. eines Geruchs oder eines Geschmacks, auf andere Situationen.

Für Lernende mit Förderbedarf sind Sinne und Wahrnehmungen oft etwas ganz Abstraktes und sie brauchen deutlich mehr Input und **Erfahrungen mit Sinneseindrücken**, bis sie erkennen können, wofür diese gut und sinnvoll sind.

Der folgenden Tabelle kann die Einordnung der einzelnen **Wahrnehmungsbereiche** entnommen werden, die den Vorschlägen zur Wahrnehmungsförderung zugrunde liegen.[2]

Wahrnehmungs-bereich	Sinnesorgan	Wahrnehmung über
taktil und haptisch	Haut, Hand, Mund	tasten, fühlen
auditiv	Ohr	hören
visuell	Auge	sehen
olfaktorisch	Nase	riechen
gustatorisch	Mund	schmecken

[2] *vgl. Renate Zimmer: Handbuch der Sinneswahrnehmung. 22. Aufl. Freiburg: Herder Verlag 2012, S. 58 f.*

Einige Übungen sind nicht mit allen Sinnen durchzuführen, was verdeutlicht, welche Sinne durch andere ersetzt werden können und welche unverzichtbar für bestimmte Wahrnehmungen sind: Wenn man beispielsweise die Augen schließt, um etwas zu erfühlen, wird deutlich, dass unser Sehorgan das Tasten zwar unterstützt, aber die visuelle Komponente nicht zwingend notwendig ist, um herauszufinden, was man in der Hand hält. Halten wir uns hingegen die Nase zu und essen gleichzeitig, fällt auf, dass sich das Geschmacksempfinden ohne Geruchssinn von dem mit Geruchssinn unterscheidet.

Wenn wir bewusst wahrnehmen, wofür unsere Augen und Ohren sowie die Haut, die Nase und die Zunge sich eignen, kann das unser Leben stark erleichtern. Die Übungen können also den **gezielten Einsatz unserer Sinne** unterstützen und ausbauen.

Der Tastsinn

Dieser Wahrnehmungsbereich umfasst **Empfindungen**, die wir durch unseren **Tastsinn** erfahren. Die Haut ist ein wesentliches Organ für die Kontaktaufnahme und Erkundung unserer Umwelt, denn mithilfe der Nervenzellen in der Haut werden Reizinformationen (z. B. Wärme, Kälte oder Schmerzen) an unser Gehirn weitergeleitet. Die **Reizinformationen** entstehen durch verschiedene Rezeptoren in der Haut.[3]

Es werden vier unterschiedliche Bereiche des **Tastsinns** unterschieden:

- Schmerzwahrnehmung
- Berührungswahrnehmung
- Temperaturwahrnehmung
- Erkundungswahrnehmung[4]

In der Kartei finden sich viele verschiedene Übungen, die die **taktile**, aber auch die **haptische Wahrnehmung** schulen. Das Zusammenspiel beider Wahrnehmungsmodi bildet die **Basis** des Tastsinns. Bei der taktilen Wahrnehmungsfähigkeit handelt es sich eher um ein **passives Wahrnehmen**. Im Gegensatz dazu werden die haptischen Wahrnehmungsfähigkeiten durch ein **aktives Erkunden** von Gegenständen u. Ä. gefördert.

Mithilfe von Informationen, die wir beim Anfassen von Gegenständen sammeln können, erkunden wir unsere Umwelt. Das Ertasten verschiedener **Oberflächen und Strukturen**, aber auch die Konfrontation mit unterschiedlichen **Temperaturen** erweitern unsere Wahrnehmungsfähigkeiten.

---

[3] *vgl. Erhard Fischer: Wahrnehmungsförderung. Handeln und Sinnliche Erkenntnis bei Kindern und Jugendlichen. Dortmund: Borgmann Verlag 1998, S. 31.*

[4] *vgl. Zimmer: Handbuch der Sinneswahrnehmung, S. 103.*

Mit unseren **Händen** können wir unsere Umwelt erforschen und so beispielsweise erfahren, dass sich Watte **weich** und ein Stein **hart** anfühlt.

Unsere **Füße** befinden sich oft in Schuhen oder Socken und haben so im Alltag weniger Wahrnehmungsmöglichkeiten als unsere Hände. Es lohnt sich also, auch mal **barfuß** auf Erkundungstour zu gehen. Ebenso können andere Körperstellen, die sonst überwiegend bedeckt sind, auf Reizreaktionen getestet werden.

Wir können unseren Tastsinn bei diesen taktilen Erfahrungen verschärfen, indem wir unseren Sehsinn durch das Schließen der Augen ausschalten.

Warum eine Förderung des Tastsinns notwendig ist

Der Tastsinn bietet den Lernenden den Zugang zur „basalen Welt". Wenn wir verschiedene Untergründe erfühlen, erleben wir Unterschiede und können so die Sinneswahrnehmung schulen. Neben der **Oberfläche** können mithilfe des Tastsinns natürlich auch die **Form**, das **Gewicht** und weitere Details von Gegenständen ermittelt werden. Umso mehr Angebote eine Person erfährt, desto eher steigern sich ihre Fähigkeiten zum (Wieder-)**Erkennen von Gegenständen** und zur Registrierung von Unterschieden. Kinder erfreuen sich an bemerkten Unterschieden, denn sie ziehen daraus kleine Lerneffekte, die viel bewirken können.

In der Praxis ermöglicht uns das Schärfen des Tastsinns Dinge, die uns vielleicht eher belanglos erscheinen, aber Kindern und Jugendlichen mit (intensivem) Förderbedarf eben nicht. Dazu gehören z. B. die Fähigkeiten, verschiedene Temperaturen, basalen Druck und Oberflächen zu unterscheiden oder ein Gefühl dafür zu bekommen, was man gerne mag und was nicht. Außerdem hilft ein ausgeprägter Tastsinn Kindern und Jugendlichen mit Förderbedarf dabei, **gefährliche Situationen** besser einzuschätzen, weil sie z. B. lernen, dass etwas Spitzes unter den Füßen eher unangenehm ist oder dass das Berühren von heißen Gegenständen Gefahren birgt.

Übungen zur Förderung des Tastsinns

1 | **Was fühlst du?**
2 | **Fühlpfad**
3 | **Tast-Memo**
4 | **Fühlkarten**
5 | **Fühlboxen**
6 | **Gegensatzpaare**
7 | **Rückenmalerei**
8 | **Plätzchen backen**
9 | **Orientierungspfad**
10 | **Wasserexperiment**

Der Hörsinn

Dieser Wahrnehmungsbereich umfasst **Empfindungen**, die wir durch unseren Hörsinn erfahren. Unsere **Ohren** vermitteln uns Informationen von Eindrücken, die wir aus der Umwelt wahrnehmen. Diese Eindrücke nehmen wir als **Schall** wahr und wandeln sie in Hörereignisse um. Die auditive Wahrnehmung ist **unerlässlich** für die menschliche Kommunikation, denn sie ist ein **Vorläufer** für unsere **Sprachentwicklung.**[5]

Bei der auditiven Wahrnehmung stehen verschiedene Fertigkeiten des Menschen in einem elementaren **Abhängigkeitsverhältnis.** Die Fähigkeit, auditive Reize zu verarbeiten, ist abhängig von der **Aufmerksamkeit** der jeweiligen Person, der **Unterscheidung** und **Lokalisation** der Reize sowie dem Erkennen von **Bedeutungszusammenhängen.**

Es werden sechs unterschiedliche Bereiche der **auditiven Wahrnehmung** unterschieden:

- **Auditive Aufmerksamkeit** (akustische Reize und Signale selektieren, erkennen und interpretieren)
- **Auditive Figur-Grund-Wahrnehmung** (aus einem Geräuschteppich eine Stimme, z. B. die der Lehrkraft, herausfiltern)
- **Auditive Lokalisation** (ein Geräusch orten)
- **Auditive Diskrimination** (Ähnlichkeiten und Unterschiede bei Geräuschen herausfiltern)
- **Auditive Merkfähigkeit** (Geräusche und Töne wiedererkennen)
- **Verstehen des Sinnbezuges**[6]

Unsere Ohren sind sämtlichen auditiven Signalen dauerhaft ausgesetzt und können deren Aufnahme nicht verhindern.

---

[5] *vgl. Fischer: Wahrnehmungsförderung, S. 39.*

[6] *vgl. Zimmer: Handbuch der Sinneswahrnehmung, S. 86.*

Die auditiven Reize, die wir wahrnehmen, können unterschiedlicher Herkunft sein. Dabei wird z. B. in **Töne**, **Klänge** und **Geräusche** unterschieden. Bei der Wahrnehmung dieser Reize passieren die Schallwellen drei Hauptabschnitte des Ohrs: Außen-, Mittel- und Innenohr. Erst dort werden die Schallwellen in Impulse umgeformt, die dann an unser Gehirn weitergeleitet werden.[7]

Wenn wir mit offenen Augen hören, nehmen wir auditive Informationen weniger gut wahr als mit geschlossenen Augen. Die Konzentration auf Gehörtes gelingt besser, wenn keine zusätzlichen Informationen des Sehsinns irritierend wirken.

Warum eine Förderung des Hörsinns notwendig ist

Wenn die selbstständige Bewältigung des alltäglichen Lebens erheblich erschwert ist, kann die Ursache eine Einschränkung des Hörsinns oder ein Ausfall der auditiven Wahrnehmungsfähigkeiten sein. Auch sprachliche Beeinträchtigungen können **Störungen des Hörvermögens** als Auslöser haben.

Mithilfe der Übungen in der Wahrnehmungskartei können zum einen mögliche auditive Probleme erkannt und zum anderen Lernende mit Einschränkungen gefördert werden.

Bei Kindern und Jugendlichen mit intensivem Förderbedarf sind oft auch die **sprachlichen Fähigkeiten** eingeschränkt. Durch die Förderung des Hörsinns kann das Verstehen von direkter Ansprache und somit eine Möglichkeit der Kommunikation

[7] *vgl. Fischer: Wahrnehmungsförderung, S. 38.*

geschaffen werden. Musik, die den Lernenden gefällt, und Geräusche, die sie mögen, können für eine entspannte Atmosphäre sorgen. Durch die bewusste Auseinandersetzung mit dieser Art der Wahrnehmung können auch auditive Reize und Situationen herausgefiltert werden, die Kinder und Jugendliche mit intensivem Förderbedarf als unangenehm empfinden.

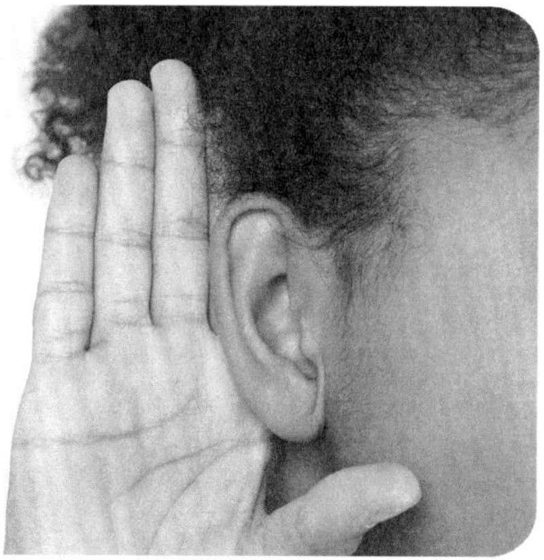

Übungen zur Förderung des Hörsinns

11 | **Klangballons**
12 | **Pärchenspiel – Geräuschdosen**
13 | **Versteckter Wecker**
14 | **Stille Post**
15 | **Klangrechnen**
16 | **Hund und Knochen**
17 | **Steinrechnen**
18 | **Mäuschen, piep einmal!**
19 | **Geräusche raten**
20 | **Hoch und tief**

Der Sehsinnn

Dieser Wahrnehmungsbereich umfasst **Empfindungen**, die wir durch unseren **Sehsinn** erfahren. Die **Augen** dienen zur Aufnahme von visuellen Reizen aus der Umwelt, die an unser **Gehirn** gesendet werden, um dort als **Informationen** verarbeitet zu werden.

Die visuelle Wahrnehmung liefert uns wichtige **Informationen** aus der **Umwelt**, wie z.B. Bewegungen, Identifikationen von Menschen und Interpretationen von Stimmungen. Die **meisten** der unzähligen **Sinneseindrücke**, die wir täglich erfassen, werden über das **visuelle System** empfangen. Oft wird das Auge als zugehöriges Sinnesorgan mit diesen Eindrücken überlastet.

Unser Sehsinn umfasst nicht nur die visuelle, sondern auch die **räumliche Wahrnehmung**. Letztere ermöglicht es uns, die Lage, die Entfernung oder auch die Schnelligkeit von Gegenständen einzuschätzen. Die Fähigkeit zur räumlichen Vorstellung ist ein wichtiger **Vorläufer für die Lesekompetenz**, da sowohl die Anordnung der Buchstaben in einem Wort als auch die Reihenfolge der Wörter in einem Satz richtig registriert werden müssen.

Wenn wir **Bewegungen gezielt ausführen**, nachdem wir Informationen visuell wahrgenommen haben, sprechen wir von der **Auge-Hand-Koordination** oder auch **Visuomotorik**.

Es werden acht unterschiedliche Bereiche der **visuellen Wahrnehmung** unterschieden:

- **Figur-Grund-Wahrnehmung** (Unterscheidung von Vordergrund und Hintergrund)
- **Visuomotorische Koordination** (Auge-Hand-Koordination)
- **Wahrnehmungskonstanz** (Identifikation eines Objektes, obwohl sich Farbe, Licht oder Raum verändern)
- **Raumlage** (Erkennen der Lage eines Objektes oder einer Person im Raum)
- **Räumliche Beziehungen** (Wahrnehmung von Objekten, die im Raum zueinander in Beziehung stehen)
- **Formwahrnehmung**
- **Farbwahrnehmung**
- **Visuelles Gedächtnis** (Dinge wiedererkennen)[8]

[8] *vgl. Zimmer: Handbuch der Sinneswahrnehmung, S. 66.*

Warum eine Förderung des Sehsinns notwendig ist

Bei Einschränkungen in der visuellen Wahrnehmung kommt es häufig zu **Orientierungsschwierigkeiten**. Betroffene können dann die visuellen Eindrücke nicht aufnehmen und adäquat verarbeiten. Als Folge davon treten beispielsweise Probleme beim Zuordnen von Farben und Formen oder Größen auf. Auch körperliche Beschwerden, wie Augenjucken oder eine ungesunde Körperhaltung, können **Anzeichen für eine Einschränkung** sein. Oft neigen Betroffene ihren Kopf beim Lesen sehr nah zum Buch, um etwas sehen zu können.

Kinder und Jugendliche können bei der Entwicklung der visuellen Wahrnehmung aktiv von außen unterstützt werden. Verschiedene Gegenstände und Hilfsmittel können zu einer verbesserten Wahrnehmungsfähigkeit führen: Dabei sind z. B. Spielzeuge in verschiedenen Farben und Formen bereits ausreichend, da sie nicht direkt für eine Reizüberflutung sorgen. Wenn sich zu viele Elemente zu schnell und gleichzeitig bewegen, kann sich das eher negativ auf die Wahrnehmungsförderung auswirken.

Wahrnehmungsübungen können beim Herausfiltern der Probleme helfen, aber gleichzeitig auch Lernende mit leichten Einschränkungen fördern. Bei Kindern und Jugendlichen mit einer Sehhilfe bietet es sich an, einige Übungen mal mit und mal ohne die Sehhilfe durchzuführen.

Übungen zur Förderung des Sehsinns

21 | **Was hat sich im Raum verändert?**
22 | **Was hat sich auf dem Tisch verändert?**
23 | **Formenpuzzle**
24 | **Der Größe nach**
25 | **DIY-Deckel**
26 | **Farben ordnen**
27 | **Bausteine nach Muster**
28 | **Pompons sortieren**
29 | **Puzzeln**
30 | **Ich suche ...**

Der Geruchssinn

Dieser Wahrnehmungsbereich umfasst **Empfindungen**, die wir durch unseren **Geruchssinn** erfahren. Mit unserer **Nase** nehmen wir **olfaktorische Reize** aus der Umwelt auf. Ein **Geruch** ist immer das **Ergebnis** der interpretierten Sinneswahrnehmungen aus der Umwelt.

Auch wenn unsere Nase im geringeren Maße als bei Tieren zur Unterstützung des Orientierungssinns beträgt, erfüllt sie wichtige **Funktionen**. Mithilfe unseres Geruchssinns können wir **Gerüche** wahrnehmen, sie bestimmten Situationen **zuordnen** oder auch Dinge **identifizieren**. Vor allem in **Gefahrensituationen**, wie z. B. bei einem Brand, einem Gasleck oder bei Kontakt mit verdorbenem Essen, warnt uns unser Geruchssinn frühzeitig vor.

Mit Gerüchen können sowohl positive als auch negative Dinge, Situationen oder Erinnerungen **verbunden** werden. Die Informationen, die die verschiedenen Düfte liefern, werden meist an eine weitere Information (z. B. das Aussehen) geknüpft und **im Gehirn gespeichert**. Einige spezielle und nicht alltägliche Gerüche können auch **beruhigend** oder **konzentrationsfördernd** wirken. Positiv wahrgenommene Düfte können sogar als **Stimmungsaufheller** wirken, was damit zusammenhängt, dass die Geruchsinformationen in dem Teil des Gehirns verarbeitet werden, in dem auch die Emotionen eine wichtige Rolle spielen.[9]

Im Gegensatz zu anderen Sinnen kann sich der Geruchssinn (und auch der Geschmackssinn) an eine Situation **anpassen**. Wenn wir mit etwas konfrontiert werden, das wir als „nicht gut riechend" interpretieren, können wir die Situation deutlich länger aushalten, als wenn wir etwas ertragen müssen, das wir als „zu laut" definieren.

[9] *vgl. Zimmer: Handbuch der Sinneswahrnehmung, S. 140.*

Die olfaktorische Wahrnehmung ist sehr eng mit der gustatorischen Wahrnehmung verknüpft. Erst diese Vernetzung ermöglicht uns ein nuanciertes Geschmackserlebnis.

Warum eine Förderung des Geruchssinns notwendig ist

Der Geruchssinn ist bereits bei der Geburt sehr gut entwickelt. Schon **Babys** können den **Geruch ihrer Mutter** vom Geruch fremder Menschen unterscheiden. Vor allem in den ersten drei Lebensjahren werden olfaktorische Wahrnehmungserlebnisse gesammelt und im Gehirn abgespeichert.[10]

Mit zunehmendem Alter (ca. ab dem 40. Lebensjahr) lassen die Fähigkeiten zur Wahrnehmung und Differenzierung von Gerüchen nach. Der gänzliche Verlust dieser Fähigkeiten kann schon ein **frühes Warnzeichen** von Krankheiten, wie z. B. Parkinson oder Demenz, sein.

Im Alltag gibt es Dinge, die wir als gut riechend einstufen, und Düfte, die wir eher als unangenehm bewerten. Menschen mit Beeinträchtigungen leiten viele dieser „Geruchsentscheidungen" von anderen Personen ab. Das, was die Eltern, Geschwister oder andere Bezugspersonen zu bestimmten Gerüchen äußern, wird oft abgeschaut und bei der nächsten Gelegenheit reproduziert. Es fehlt den Kindern oft an eigenen Erfahrungen, die sie mithilfe der Übungen aus der Wahrnehmungskartei machen können.

[10] *vgl. Zimmer: Handbuch der Sinneswahrnehmung, S. 143.*

Übungen zur Förderung des Geruchssinns

31 | Geruchsdosen
32 | Geruchspaare
33 | Geruchsreise durch die Küche
34 | Der Nase nach
35 | Wie riecht es im Wald?
36 | Wie riecht es?
37 | Ort gesucht
38 | Duftballons

Der Geschmackssinn

Dieser Wahrnehmungsbereich umfasst **Empfindungen**, die wir durch unseren **Geschmackssinn** erfahren. Mit unserem **Mund** nehmen wir Informationen zum **Geschmack** von Lebensmitteln auf. In der **Mundhöhle** und auf der **Zunge** sind **Geschmacksknospen** angesiedelt, die als **Rezeptoren** der gustatorischen Wahrnehmung gelten. Mithilfe des **Speichels** werden feste Lebensmittel aufgeweicht und so von den entsprechenden Sinneszellen in der Mundhöhle wahrgenommen.[11]

Mithilfe des Geschmackssinns können wir verschiedene Geschmacksqualitäten feststellen:

- süß
- salzig
- sauer
- bitter
- umami [12/13]

Für die einzelnen Geschmacksempfindungen gibt es verschiedene **Wahrnehmungsbereiche auf der Zunge**, sodass einige Geschmacksqualitäten eher weiter vorn (z. B. süß und salzig) und einige eher weiter hinten (z. B. sauer und bitter) wahrgenommen werden. Die zuletzt genannte Geschmacksrichtung (umami) ist noch nicht so weit verbreitet und vor allem für Kinder schwer einzuordnen. In der vorliegenden Kartei wurde sie daher nicht primär miteinbezogen, kann aber individuell ergänzt werden.

Mithilfe des Geschmackssinns gelingt es uns, Lücken, die die visuelle Wahrnehmung eröffnet, zu füllen. So können wir ähnlich aussehende Lebensmittel mithilfe der gustatorischen Fähigkeiten identifizieren.

---

[11] *vgl. Fischer: Wahrnehmungsförderung, S. 36.*

[12] *Umami ist eine Geschmacksrichtung und beschreibt einen herzhaften, würzigen oder fleischigen Geschmack.*

[13] *vgl. Zimmer: Handbuch der Sinneswahrnehmung, S. 148.*

Wie schon im vorherigen Kapitel erwähnt wurde, besteht ein enger **Zusammenhang** zwischen dem **Geruchs- und dem Geschmackssinn**. Riechen und Schmecken unterstützen sich gegenseitig, was zu einem **abgerundeten Prozess der Nahrungsaufnahme** führt. Wenn man z. B. einen Schnupfen hat oder sich die Nase zuhält, wird das Geschmackserlebnis beeinflusst, sodass bekannte Mahlzeiten stark verändert schmecken können.

Warum eine Förderung des Geschmackssinns notwendig ist

Ursachen für Störungen des Geschmackssinns können z. B. Erkrankungen oder Infektionen der Riech- und Schmeckorgane sein. Schon durch eine Entzündung des Zahnfleischs kann die gustatorische Wahrnehmung beeinträchtigt werden. Insgesamt sind **Geschmacksstörungen** aber deutlich seltener als Geruchsstörungen.

Bei Menschen mit Beeinträchtigungen ist es besonders wichtig, dass das **Bewusstsein** für unterschiedliche Wahrnehmungen intensiv geschult wird. Die Verarbeitung der Reize im Gehirn kann länger dauern als bei Menschen ohne Beeinträchtigungen. Vor allem bei Kindern und Jugendlichen mit intensivem Förderbedarf bildet der Geschmackssinn eine wichtige Komponente der Wahrnehmung, auf die ein besonderer Blick geworfen werden sollte.

Da die verbale Kommunikation bei Menschen dieser Gruppe oft eingeschränkt ist, stellt der Geschmackssinn eine gute Alternative dar, mit der eine Form der Kommunikation erzeugt werden kann. Die Teilhabe der Lernenden wird enorm gefördert, wenn man **abwechslungsreiche Geschmacksangebote** präsentiert, die zu einem intensiven Kennenlernen von Lebensmitteln sowie dem ganz persönlichen Geschmack beitragen.

Die Wahrnehmungsübungen zum Geschmackssinn können den Lernenden außerdem die hohe Bedeutung der einzelnen **Sinne im Gesamtzusammenhang** näherbringen. So sollen sie z. B. den elementaren Zusammenhang von Geschmackssinn und Geruchssinn erkennen.

Übungen zur Förderung des Geschmackssinns

Wie die Karten eingesetzt werden können

Die Ideen aus der Kartei sind für **vielfältige Einsatzszenarien** geeignet. Die Übungen können losgelöst von Unterrichtsinhalten zur Steigerung von Aufmerksamkeit und Konzentration der Lernenden, als Puffer zwischendurch oder passend zur Jahreszeit durchgeführt werden, wie die folgenden Beispiele zeigen.

- → Auslegen eines **Fühlpfads** (Übung Nr. 2), den man beim Betreten/Verlassen des Raums überqueren muss
- → Einsatz von **Geräuschdosen** (s. Übung Nr. 12) als Aufmerksamkeitsübung
- → Themenspezifische Nutzung von **Fühlboxen** (Übung Nr. 5) (z. B. passend zum Herbst mit Kastanien, Eicheln etc. befüllen)
- → Durchführung der Übung **Plätzchenbacken** (Nr. 8) als Ruhe-Übung in der Weihnachtszeit
- → Durchführung von **„Was hat sich im Raum verändert?“** (Übung Nr. 21) in der Regenpause

Verschiedene Anwendungsvorschläge, wie Sie die Karten im Rahmen bestimmter Unterrichtsfächer und zur Vermittlung von Lerninhalten einsetzen können, wurden bereits im Vorwort skizziert.

Im Folgenden wird beispielhaft ein pädagogisches Szenario beschrieben, in welchem sich die Durchführung der Übung Nr. 3 „Tast-Memo“ anbietet.

Die Übungsgruppe besteht aus sechs Kindern im Alter von sieben bis neun Jahren, die eine Förderschule mit dem Schwerpunkt Geistige Entwicklung besuchen. Im Sachunterricht wird das Thema „Sinne“ behandelt. Ziel der heutigen Unterrichtsstunde, in der es um den Tastsinn geht, ist die Förderung der Wahrnehmung und Differenzierung verschiedener Oberflächen. Die Kinder sitzen in einem Stuhlkreis oder auf dem Boden. Die Unterrichtsstunde dauert ungefähr 45 Minuten.

Stundenbeginn

- Sie begrüßen die Kinder und lenken ihre Aufmerksamkeit auf das Thema „Sinne“ (z. B. durch eine Wiederholung aus der letzten Stunde, Wissensabfrage etc.).

Hinführung zum Thema

- Verschiedene Gegenstände werden in der Mitte präsentiert und anschließend einzeln herumgegeben, erfühlt und benannt.
- Währenddessen führen Sie Begrifflichkeiten zur Beschreibung der Gegenstände (z. B. „spitz“, „hart“, „weich“, „kalt“, „warm“, „kratzig“, „angenehm“ etc.) ein.

Vorübung

- Alle Kinder führen nacheinander folgende Übung durch: Das Kind schließt die Augen, erhält einen der vorbereiteten Deckel mit einem Gegenstand und ertastet ihn. Es beschreibt unter Anwendung der zuvor eingeführten Begrifflichkeiten, was es fühlt (auch auf Ihre Nachfrage hin), und benennt, wenn möglich, den Gegenstand auf dem Deckel.

Durchführung der Übung „Tast-Memo“

(s. Übung Nr. 3)

- Nachdem Sie die Regeln des Memo-Spiels erklärt haben, spielen die Kinder das „Tast-Memo“.

SoPäd | GEISTIGE ENTWICKLUNG

FÜR FÖRDERSCHULE UND INKLUSION

Sinneswahrnehmung fördern

MONA MERGEMEIER

Ein Karten-Set mit Spielen, Übungen und Ideen

Inhaltsverzeichnis

00 | Name der Übung

Kartennummer

Icon für Wahrnehmungsbereich

die jeweiligen Wahrnehmungsbereiche

Übungsformat

Hier wird angegeben, ob es sich um eine Einzel-, Partner- oder Gruppenübung handelt.

Material

Hier werden die Materialien aufgelistet, die zur Umsetzung der Übung notwendig sind.

Zielsetzung

Unter diesem Punkt werden die Bereiche aufgezeigt, die durch die entsprechende Übung bei den Lernenden gefördert werden sollen.

Vorbereitung

Hier werden (wenn notwendig) die Schritte aufgezeigt, die vor der Durchführung erforderlich sind.

Beispiel Kartenvorderseite

00 Name der Übung

Durchführung

Unter diesem Punkt werden die einzelnen Schritte zur Durchführung der Übung beschrieben.

Hinweise

An dieser Stelle werden Hinweise zur Umsetzung der Übung, aber auch zu hilfreichen Vorkenntnissen gegeben.

Varianten

An dieser Stelle werden (wenn vorhanden) verschiedene Varianten der Grundidee beschrieben (gemessen am Schwierigkeitsgrad bzw. an den Kompetenzen der Lernenden).

Beispiel Kartenrückseite

1 Was fühlst du?

FÜHLEN

Übungsformat

Einzel- oder Partnerübung

Material

- kleine Säckchen
  (Eine Nähanleitung finden Sie unter:
  https://monaquergedacht.de/wp-content/uploads/2023/10/Sinne_Tastsaeckchen-Naehanleitung.pdf)
- verschiedene Füllungen, wie z. B. Reis, Perlen, Watte, Sand, Muscheln etc.
- *bei Bedarf:* Bildkarten zu den einzelnen Inhalten der Tastsäckchen

Zielsetzung

- Förderung des Berührungsempfindens
- Förderung der haptischen Wahrnehmung

Vorbereitung

- Stellen Sie die Tastsäckchen (nach Anleitung oder ähnlich) her.
- Drucken Sie die Bildkarten aus und laminieren Sie sie gegebenenfalls.

1 Was fühlst du?

Durchführung

Die Lernenden erhalten ein oder mehrere Tastsäckchen und sollen die Inhalte mit ihren Händen erfühlen und identifizieren. Wenn Sie die Säckchen nach der vorgegebenen Nähanleitung erstellt haben, können die Lernenden ihre Vermutungen direkt mithilfe der Bildkarten in den Außentaschen überprüfen. Es bietet sich an, das Ertasten sprachlich zu begleiten.
Dafür können Satzmuster vorgegeben werden:
„Es fühlt sich ... an."
Bei wenig sprachlichem Output seitens der Lernenden können Sie auch konkrete Fragen stellen: „Was fühlst du?", „Fühlt es sich hart oder weich an?" etc.

Hinweise

Die Inhalte der Säckchen sollten den Lernenden im Vorfeld bereits bekannt sein, sodass sie sie auch mit geschlossenen Augen erfühlen können. Weiterhin ist es wichtig, dass die Begrifflichkeiten der verschiedenen Eigenschaften (hart, weich etc.) schon anwendbar sind, um den Fühlprozess verbal zu begleiten.

Varianten

- Legen Sie die Tastsäckchen auf den Boden und lassen Sie die Lernenden die Inhalte mit ihren Füßen spüren.
- Die Lernenden erhalten die Bildkarten vorab und sollen sie dann den einzelnen Tastsäckchen zuordnen, nachdem sie die Füllungen erfühlt haben. Die Bildkarten dienen als Hilfestellung zum Identifizieren der Inhalte.

2 Fühlpfad

Übungsformat

Einzel-, Partner- oder Gruppenübung

Material

- verschiedene Dinge als Untergründe, wie z. B. Steine, Holz, Muscheln, Sand, (kaltes/warmes) Wasser, Styropor etc.
- Pappe oder Stoffe für die Untergründe

Zielsetzung

- Förderung der taktilen Wahrnehmung der Füße
- Förderung des Berührungsempfindens

Vorbereitung

- Breiten Sie die Pappe (oder Stoffe) auf dem Boden aus.
- Verteilen Sie die Untergründe darauf.

Fühlpfad

Durchführung

Bieten Sie die verschiedenen Untergründe im Raum (oder draußen) getrennt voneinander an. Die Lernenden laufen über die Untergründe und nehmen verschiedene Oberflächen und Aggregatzustände wahr. Durch das sprachliche Begleiten beim Betreten der verschiedenen Untergründe können Unterschiede und Gemeinsamkeiten verdeutlicht und verinnerlicht werden. Konkrete Fragen wie „Was fühlst du?“, „Fühlt es sich hart oder weich an?“ etc. können die Erweiterung des Wahrnehmungsrepertoires fördern.

Hinweise

Die Materialien sollten den Lernenden im Vorfeld bereits bekannt sein, sodass sie sie auch mit geschlossenen Augen erfühlen können. Weiterhin ist es wichtig, dass die Begrifflichkeiten der verschiedenen Eigenschaften (hart, weich etc.) schon anwendbar sind, um den Fühlprozess verbal zu begleiten.

Varianten

- Die Lernenden können den Fühlpfad sowohl mit Schuhen als auch mit Socken oder barfuß begehen. Bei den unterschiedlichen Varianten wird deutlich, wozu unsere Haut in der Lage ist und welche externen Faktoren die taktile Wahrnehmung stören können.
- Die Lernenden können den Fühlpfad auch mit verbundenen Augen ablaufen, sodass die Sinnhaftigkeit des Sehsinns noch zusätzlich thematisiert wird.

3 Tast-Memo

Übungsformat

Partner- oder Gruppenübung

Material

- kleine Gegenstände, wie z. B. Nudeln, Muscheln, Sand, Kunstrasen, Watte, Stoff etc.
- gleich aussehende Deckel (z. B. von Gläsern oder Saftflaschen)
- Heißkleber

Zielsetzung

- Förderung der taktilen Wahrnehmung der Finger
- Förderung der haptischen Wahrnehmung

Vorbereitung

- Kleben Sie auf die Unterseiten von jeweils zwei Deckeln die gleichen Gegenstände.
- Malen Sie die Deckel an, damit sie nicht gleich aussehen, wenn sie umgedreht werden.

3 Tast-Memo

Durchführung

Die Deckel werden umgedreht und gemischt auf dem Tisch verteilt. Die Lernenden wählen nacheinander je zwei Deckel aus, drehen diese aber nicht um, sondern heben sie nur so weit hoch, dass sie die Gegenstände erfühlen können. Wer glaubt, zwei Deckel mit dem gleichen Gegenstand gefunden zu haben, darf die Deckel umdrehen. Liegt der*die Lernende richtig, darf er*sie das Paar beiseitelegen und zwei weitere Deckel ertasten. Waren es nicht dieselben Gegenstände, werden die Deckel wieder verdeckt auf dem Tisch platziert.

Hinweise

Die Gegenstände sollten den Lernenden im Vorfeld bereits bekannt sein, sodass sie sie auch mit geschlossenen Augen erfühlen können. Weiterhin ist es wichtig, dass die Begrifflichkeiten der verschiedenen Eigenschaften (hart, weich etc.) schon anwendbar sind, um den Fühlprozess verbal zu begleiten. Die Spielregeln für das Memospiel sollten ebenfalls erläutert werden.

Varianten

- Man kann auch die Regel einführen, dass zwei Deckel zusammengehören, die zwar nicht mit demselben Gegenstand beklebt sind, sich aber ähnlich anfühlen. In dieser Variante erfühlen die Lernenden nur, ob der Gegenstand „hart“, „weich“ oder „glatt“ etc. ist.
- Je nach kognitivem Niveau der Lernenden können Sie sie entweder dazu auffordern, die Gegenstände zu identifizieren (z. B. „Nudeln“), oder sie lediglich bitten, zu beschreiben, wie sich die Gegenstände anfühlen (z. B. „hart“).

Fühlkarten

Übungsformat

- Einzelübung

Material

- Fühlmaterial, wie z. B. kleine Pompons oder Watte
- (Heiß-)Kleber
- Pappe
- Schere

Zielsetzung

- Förderung des Berührungsempfindens
- Förderung der Sensibilität

4 Fühlkarten

Vorbereitung

- Schneiden Sie die Pappe auf die gewünschte Größe zu.
- Kleben Sie das Fühlmaterial so auf die Pappe, dass die entsprechende Zahl, der Buchstabe oder die Form zu erkennen oder zu erfühlen sind.

Durchführung

Die Lernenden schließen die Augen und erhalten jeweils eine Fühlkarte. Mithilfe ihrer Hände erforschen die Lernenden die Karten. Sie sollen beschreiben, welches Material sie fühlen und um welchen Buchstaben bzw. welche Zahl/Form es sich handelt.

Hinweis

Bevor diese Übung durchgeführt wird, sollten die Lernenden bereits mit den zu erfühlenden Inhalten (z. B. Buchstaben und Zahlen oder auch Formen) vertraut sein.

Variante

Beim Erraten der Gegenstände können Sie (je nach kognitivem Niveau der Lernenden) die Erwartungshaltung bei den Antworten anpassen: Sie können die Lernenden entweder dazu auffordern, die Zahl, den Buchstaben oder die Form zu identifizieren (z. B. „eine Acht“), oder sie lediglich bitten, zu beschreiben, wie das Material sich anfühlt (z. B. „weich“).

5 Fühlboxen

Übungsformat

- Einzel-, Partner- oder Gruppenübung

Material

- alte (Schuh-)Kartons
- verschiedene Gegenstände als Füllungen, wie z. B. Muscheln, Tannenzapfen, Geld, Watte, Nudeln etc.
- Cuttermesser
- Kleber
- *bei Bedarf:* Stoffreste, Bildübersicht mit allen verwendeten Gegenständen zum Ankreuzen

Zielsetzung

- Förderung der haptischen Wahrnehmung
- Förderung des Berührungsempfindens

Vorbereitung

- Schneiden Sie ein Loch in die Seite der Kartons, sodass eine Hand hindurchpasst.
- Befüllen Sie die Kartons mit den Inhalten.
- Bringen Sie bei Bedarf noch ein kleines Stück Stoff zum Verstecken des Inhaltes an.

Fühlboxen

Durchführung

Die Lernenden greifen nacheinander mit geschlossenen Augen in die Kiste und erfühlen die Gegenstände. Je nach Leistungsniveau sollen sie die Namen der erfühlten Gegenstände notieren oder die Gegenstände auf einer ihnen zuvor ausgehändigten Bildübersicht finden und ankreuzen.

Hinweis

Bevor diese Übung durchgeführt wird, sollten die zu erfühlenden Gegenstände den Lernenden bereits bekannt sein.

Varianten

- In einer Fühlbox befindet sich mehrmals der gleiche Gegenstand, der erraten werden muss.
- In einer Fühlbox befinden sich verschiedene Gegenstände und es gibt eine Vorgabe, welchen der*die Lernende erfühlen soll.
- In einer Fühlbox befinden sich verschiedene Gegenstände mit gleichen Eigenschaften, die benannt werden sollen (spitz, weich etc.).
- In einer Fühlbox befinden sich verschiedene Gegenstände mit gleichen Eigenschaften und ein Gegenstand mit anderen Eigenschaften, der identifiziert werden muss.

6 Gegensatzpaare

Übungsformat

- Einzel-, Partner- oder Gruppenübung

Material

- kleines Säckchen oder abgedeckte Kisten
- Fühlgegenstände mit unterschiedlichen Eigenschaften, wie z. B. Watte als etwas Weiches vs. Stein als etwas Hartes, Kühlakku als etwas Kaltes vs. Heizkissen als etwas Warmes

Zielsetzung

- Förderung der Oberflächensensibilität
- Förderung der taktilen Wahrnehmung

Vorbereitung

- *optional:* Basteln Sie die Fühlkisten.
- Füllen Sie die Gegenstände in die Säckchen oder in die Kisten.

6 Gegensatzpaare

Durchführung

Präsentieren Sie den Lernenden die Fühlgegenstände in einer abgedeckten Kiste oder in einem Säckchen, sodass sie die Gegenstände nicht sehen können. Die Lernenden ertasten die verschiedenen Objekte und wählen zwei Gegenstände aus, die gegensätzliche Eigenschaften haben (z. B. etwas Hartes und etwas Weiches).

Hinweis

Bevor diese Übung durchgeführt wird, sollten die zu erfühlenden Gegenstände und die zu deren Beschreibung notwendigen Adjektive den Lernenden bereits bekannt sein.

Varianten

- Sie präsentieren den Lernenden die Fühlgegenstände offen und lassen sie diese ertasten.
- Die Lernenden, denen das Sortieren nach Gegensätzen noch schwerfällt, können die Gegenstände zunächst nach gemeinsamen Eigenschaften (z. B. „weich" oder „hart") sortieren.
- Sie können den Lernenden, denen das Sortieren nach Gegensätzen schon leichtfällt, auch Fühlgegenstände zur Verfügung stellen, die mehr als eine Eigenschaft besitzen. Am Ende sollte die Sortierung aber so aufgehen, dass nur eine Zuordnung passt (z. B. kann der Stein hart und glatt sein und somit den Gegensatz entweder zu einem weichen oder zu einem rauen Gegenstand bilden).

7 Rückenmalerei

Übungsformat

Partnerübung

Material

bei Bedarf: ausgedruckte oder gezeichnete Vorlagen der zu malenden Motive

Zielsetzung

- Förderung des Berührungsempfindens
- Förderung der Vorstellungskraft

Vorbereitung

—

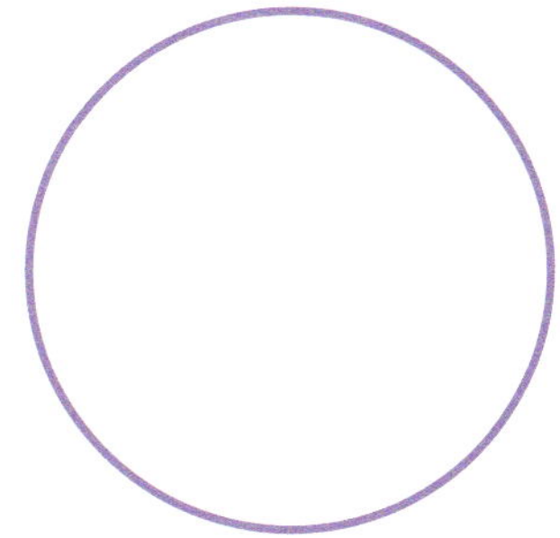

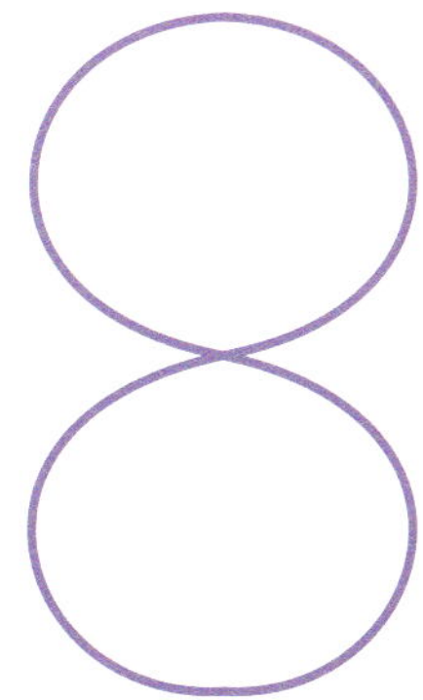

7 Rückenmalerei

Durchführung

Die Lernenden sitzen hintereinander und die hintere malt der vorderen Person mit dem Zeigefinger etwas auf den Rücken. Die vordere Person soll erkennen, was gemalt wurde.
Bei Nichterkennen kann die Übung mehrmals oder langsamer durchgeführt werden. Als Hilfestellung kann die malende Person auch beschreiben, wie sie vorgeht: „Als Erstes male ich einen Strich von links nach rechts. Dann von oben nach unten und anschließend von rechts nach links. Wenn ich jetzt von unten nach oben einen Strich male, komme ich beim Startpunkt an."

Hinweise

Bei jüngeren Kindern eignen sich einfache und alltägliche Abbildungen, wie z. B. geometrische Formen (Kreis, Viereck etc.), ein Herz oder eine Sonne. Sie können auch Bilder als Vorlage zum Malen anbieten und somit die schwächeren Lernenden unterstützen. Älteren Kindern könnten Sie schon Zahlen und Buchstaben oder sogar Worte vorgeben.

Varianten

- Die hinten sitzende Person malt ohne Vorlage auf den Rücken der vorderen Person.
- Die hinten sitzende Person malt mit einer Vorlage auf den Rücken der vorderen Person. Der vorderen Person wird eine Auswahl der Motive präsentiert, die auf ihren Rücken gemalt werden könnten.
- Die hinten sitzende Person malt mit einer Vorlage auf den Rücken der vorderen Person.

8 Plätzchen backen

FÜHLEN

Übungsformat

Partnerübung

Material

—

Zielsetzung

Förderung des Berührungsempfindens

Vorbereitung

—

Durchführung

Zwei Lernende setzen sich hintereinander. Sie als Lehrkraft bzw. Gruppenleitung verbalisieren das Vorgehen beim Plätzchenbacken (s. Rückseite). Der*die Lernende, der*die hinten sitzt, simuliert den Backvorgang, indem er*sie entsprechende Bewegungen auf dem Rücken der vorderen Person macht.

Hinweis

Die Bewegungen können im Vorfeld besprochen werden oder die hinten sitzende Person überlegt sich eigene Bewegungen, die zum Erzählten passen.

Plätzchen backen

Als Erstes ♦ „1" malen ♦ müssen wir uns die Hände waschen ♦ Waschbewegung der Hände auf dem Rücken ♦. Dann kommen alle Zutaten für den Teig in eine Schüssel und wir müssen kräftig rühren ♦ mit der Faust auf dem Rücken kreisen ♦ und danach alles gut kneten ♦ den Rücken mit beiden Händen kneten ♦. Am besten streut man ein bisschen Mehl auf die Arbeitsfläche ♦ mit der Handfläche kreisen ♦ und knetet dann weiter ♦ den Rücken mit beiden Händen kneten ♦. Nach drei Stunden im Kühlschrank ♦ großen Kreis als Uhr aufmalen und ihn mit dem Zeigefinger dreimal nachfahren ♦ können wir den Teig ausrollen. Dafür muss noch einmal Mehl auf der Arbeitsfläche und dem Teigroller verteilt ♦ mit der Handfläche kreisen ♦ und der Teig ordentlich geknetet werden ♦ den Rücken mit beiden Händen kneten ♦. Dann können wir schon mal den Ofen vorheizen ♦ Hände aneinanderreiben, bis sie warm sind – auf den Rücken legen ♦. Danach wird der Teig ausgerollt ♦ Unterarm auf den Rücken pressen und nach oben hochrollen ♦. Nachdem wir das Backpapier auf das Blech gelegt haben ♦ Viereck mit den Händen malen, als wenn man Backpapier glatt streicht ♦, können wir die Plätzchen ausstechen ♦ kleine Figuren malen, z. B. Baum/Stern, oder die Hand so krümmen, dass die Fingernägel die „Ausstecher" sind ♦. Nebenbei darf man auch mal Teig naschen ♦ mit Pinzettengriff Kniffe andeuten ♦. Wenn die Plätzchen auf den Blechen sind ♦ gekrümmte Hand – Kralle – mehrmals auf Rücken drücken ♦, können sie auch schon in den Ofen geschoben werden ♦ mit beiden Händen von unten nach oben schieben ♦. Sobald die Plätzchen fertig sind, können wir sie aus dem Ofen holen ♦ mit beiden Händen von oben nach unten schieben ♦. Wenn sie abgekühlt sind, können sie mit Schokolade bestrichen ♦ mit zwei Fingern streichen ♦ und mit Streuseln ♦ mit den Fingern schnell auf den Rücken tippen ♦ dekoriert werden.
Fertig sind die Plätzchen.

9 | # Orientierungspfad

Übungsformat

Partnerübung

Material

- Bierdeckel oder Filz- bzw. Korkuntersetzer
- Augenbinde

Zielsetzung

- Förderung der taktilen Wahrnehmung
- Förderung der Orientierungsfähigkeit

Vorbereitung

—

9 Orientierungspfad

Durchführung

Die lernende Person zieht Schuhe und Socken aus und ihr werden die Augen verbunden. Anschließend werden die Materialien als Felder auf dem Boden verteilt. Die lernende Person soll nun den richtigen Weg von Feld zu Feld finden.

Hinweise

Der Unterschied zwischen Boden und Feldern soll mit den Füßen wahrgenommen werden und den Lernenden dabei helfen, den richtigen Weg zu finden. Bei Bedarf kann eine weitere Person als Unterstützung (z. B. zum Festhalten) miteinbezogen werden.

Varianten

- **Einfach:** Die Felder liegen in einer Linie, sodass der*die Lernende nur geradeaus gehen muss.
- **Mittel:** Die Felder sind nach einer geometrischen Form angeordnet; diese soll nach dem Ablaufen benannt werden.
- **Schwierig:** Die Felder sind als Buchstaben oder Zahlen gelegt, die nach dem Ablaufen benannt werden sollen.

10 Wasserexperiment

Übungsformat

Partnerübung

Material

- Schüsseln
- Wasser
- *bei Bedarf:* Eiswürfel, Wärmekissen

Zielsetzung

- Förderung des Temperaturempfindens
- Förderung der taktilen Wahrnehmung

10 Wasserexperiment

Vorbereitung

- Befüllen Sie die Schüsseln mit unterschiedlich temperiertem Wasser.
- Geben Sie eventuell Eiswürfel oder ein Wärmekissen hinzu.

Durchführung

Es stehen verschiedene Schüsseln mit Wasser zur Verfügung. Die Lernenden fassen mit der Hand nacheinander in die Schüsseln und äußern ihr Temperaturempfinden.

Hinweise

Diese Übung kann auch mit den Füßen in Wasserschüsseln auf dem Boden durchgeführt werden. Auch die Kombination von Hand und Fuß ist möglich.

Variante

Die Lernenden fassen gleichzeitig in zwei verschiedene Schüsseln mit unterschiedlich temperiertem Wasser (z. B. links warm und rechts kalt) und beschreiben dann, wie es sich an der jeweiligen Hand anfühlt.

11 Klangballons

Übungsformat

Partnerübung

Material

- beliebige Anzahl an Luftballons
- Füllungen, wie z. B. Reis, Erbsen, Watte, kleine Glöckchen, Sand etc.

Zielsetzung

- Förderung der Geräuschwahrnehmung
- Förderung der Geräuschdifferenzierung

Vorbereitung

Befüllen Sie die Luftballons mit den verschiedenen Materialien.

11 Klangballons

Durchführung

Die Lernenden halten einen Klangballon an eines ihrer Ohren und schütteln ihn. Anschließend sollen sie das Gehörte detailliert beschreiben und die Geräusche genauer definieren (laut, leise, viel, wenig etc.). Nachdem sie verschiedene Klänge wahrgenommen haben, können die Lernenden raten, was sich in den Ballons befindet. Wenn sie keine eigenen Ideen haben, kann man die verwendeten Füllungen (z. B. Reisverpackung) zeigen und zur Auswahl stellen, damit die Lernenden sie den Luftballons zuordnen können.

Hinweis

Die gefüllten Ballons können nicht nur zur Schulung der auditiven, sondern auch zur Förderung der taktilen Wahrnehmung verwendet werden. Die Inhalte der Ballons lassen sich nicht nur erhören, sondern auch erfühlen.

Varianten

- Lassen Sie die Lernenden die Klangballons ein wenig kneten und dadurch die Füllungen erfühlen.
- Beobachten Sie, ob die Inhalte mit Hand und Ohr eher erkannt werden können als mit nur einem Sinn.

12 Pärchenspiel – Geräuschdosen

Übungsformat

Partner- oder Gruppenübung

Material

- beliebige gerade Anzahl an (Film-)Dosen
- Füllungen, wie z. B. Reis, Erbsen, Nudeln, Cents, Watte, kleine Glöckchen, Sand etc.

Zielsetzung

- Förderung der Geräuschwahrnehmung
- Förderung der auditiven Diskrimination

Pärchenspiel – Geräuschdosen

Vorbereitung

- Befüllen Sie jeweils zwei Dosen mit den gleichen Inhalten.
- *optional:* Versehen Sie zwei zusammengehörige Dosen mit der gleichen Markierung (Sticker, farbiger Punkt o. Ä.), um eine Selbstkontrollmöglichkeit zu schaffen.

Durchführung

Die Lernenden wählen nacheinander immer zwei Dosen aus und schütteln sie, um die Geräusche der Inhalte wahrzunehmen. Wer zwei Dosen findet, deren Inhalte die gleichen Geräusche erzeugen, hat ein Pärchen und darf noch einmal zwei Dosen auswählen. Wenn die beiden Dosen nicht zusammenpassen, ist die nächste Person an der Reihe.

Hinweis

Begleiten Sie den Prozess gern auch sprachlich und fordern Sie die Lernenden beim Spielen dazu auf, das Gehörte genau zu beschreiben: „Was hörst du?“, „Ist es laut oder leise?“

Varianten

- Alternativ können Sie die Lernenden dazu auffordern, immer zwei Dosen zu finden, die „gegensätzliche“ Geräusche (z. B.: Reis: eher leise vs. Cents: eher laut) erzeugen.
- Sie können die Dosen ebenso für einfache Geräuschübungen ohne Spielmodus nutzen, indem Sie die „Pärchensuche“ weglassen.
- Um die Übung einfacher zu gestalten, können Sie den Lernenden die Füllungen zur Auswahl stellen, sodass sie diese direkt den Dosen zuordnen können.

13 | # Versteckter Wecker

Übungsformat

Partner- oder Gruppenübung

Material

laut tickender Wecker, *Alternative:* laut tickende Eieruhr

Zielsetzung

- Förderung der auditiven Wahrnehmung
- Förderung der auditiven Lokalisation

Vorbereitung

–

13 Versteckter Wecker

Durchführung

Eine Person verlässt den Raum. Eine andere Person versteckt den aufgezogenen und somit tickenden Wecker im Raum. Die erste Person wird wieder hereingebeten und versucht, den versteckten Wecker zu lokalisieren.

Hinweis

Die Lernenden sollten im Vorfeld mit dem Tick-Geräusch bekannt gemacht werden. Hierfür bietet es sich an, eine Vorübung durchzuführen, bei der die Lernenden die Augen schließen und der Wecker zunächst im Stuhlkreis versteckt wird. So können sich die Lernenden an das Geräusch gewöhnen und eine erste, einfache Lokalisation über ihren Hörsinn vornehmen.

Variante

Als Hilfestellung können die Personen, die das Versteck des Weckers kennen, die suchende Person mit Äußerungen wie „Warm!“ oder „Kalt!“ unterstützen.

14 Stille Post

HÖREN

Übungsformat

Gruppenübung

Material

—

Zielsetzung

- Förderung der auditiven Aufmerksamkeit
- Förderung der auditiven Merkfähigkeit

Vorbereitung

—

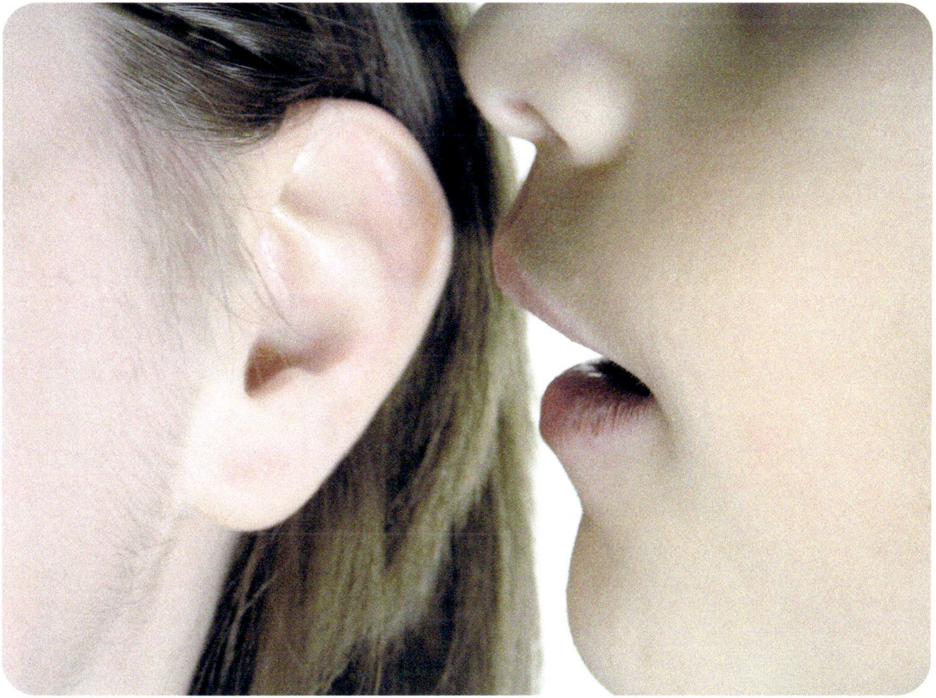

14 Stille Post

Durchführung

Mehrere Lernende sitzen nebeneinander. Eine Person denkt sich eine Botschaft aus und flüstert sie der Person links oder rechts von sich ins Ohr. Diese Person gibt das Gehörte dann weiter an die nächste Person. So geht es weiter, bis die „stille Post“ bei dem*der letzten Lernenden angekommen ist. Die letzte Person, der etwas zugeflüstert wurde, sagt das Gehörte laut, sodass alle es hören können. Stimmt das Ergebnis mit der Botschaft überein, die bei der ersten Person losgeschickt wurde?

Hinweis

Es kann sinnvoll sein, wenn man nach der ersten (gescheiterten) Runde versucht, herauszufinden, an welcher Stelle die auditive Information fehlerhaft weitergegeben wurde und wieso. Dabei sollte aber niemand vorgeführt werden.

Varianten

- Wenn die Lernenden beim Weitergeben der auditiven Informationen aufstehen müssen, erhöht sich der Schwierigkeitsgrad.
- Je nachdem, ob es sich um einzelne Wörter, Wortgruppen oder ganze Sätze handelt, verändert sich der Schwierigkeitsgrad ebenfalls.

15 Klangrechnen

Übungsformat

Einzel-, Partner- oder Gruppenübung

Material

Instrumente, wie z. B. eine Handglocke, Klanghölzer, eine Triangel o. Ä.

Zielsetzung

- Förderung der auditiven Merkfähigkeit
- Förderung der auditiven Aufmerksamkeit

Vorbereitung

–

15 Klangrechnen

Durchführung

Erzeugen Sie mit den Instrumenten Klänge, die von den Lernenden gehört, unterschieden und gezählt werden sollen.

Hinweis

Es ist sinnvoll, die Abfolge und Anzahl der Klänge im Vorfeld zu notieren, damit man bei einer Wiederholung auch wirklich wieder die gleichen Töne in gleicher Reihenfolge und Anzahl erzeugt.

Varianten

Je nach kognitivem Niveau bieten sich verschiedene Übungsformate an:

- Es werden Klänge mit nur einem Instrument erzeugt und diese werden gezählt.
- Es werden Klänge mit verschiedenen Instrumenten erzeugt und diese werden zusammengerechnet (oder gezählt), z. B. 2 x Klangholz und 2 x Triangel = 4 Töne.
- Wenn das Prinzip verstanden wurde, können die Lernenden diese Übung auch eigenständig durchführen: Ein*e Lernende*r erzeugt dann die Klänge und die zweite Person soll die Klänge zählen.

16 Hund und Knochen

Übungsformat

Gruppenübung

Material

- Klangholz oder Stück Holz in einer ähnlichen Größe
- Augenbinde

Zielsetzung

- Förderung der Geräuschwahrnehmung
- Förderung der auditiven Lokalisation

Vorbereitung

—

Hund und Knochen

Durchführung

Die Lernenden sitzen im Stuhlkreis. In der Kreismitte wird das Klangholz oder Holzstück als „Knochen“ platziert. Jemand wird als „Hund“ ausgewählt oder meldet sich freiwillig.
Der „Hund“ bekommt die Augen verbunden und wird in die Mitte des Kreises geführt, wo er sich vor dem „Knochen“ hinkniet. Eine zweite Person versucht nun, den „Knochen“ zu stehlen, indem sie sich leise (am besten ohne Schuhe) an den Hund heranschleicht. Der „Hund“ muss dabei genau hinhören und versuchen, zu orten, aus welcher Richtung sich jemand anschleicht. Hat er eine Idee, zeigt er in diese Richtung.
Gelingt jemandem das Entwenden des „Knochens“, darf diese Person der nächste „Hund“ sein. Gelingt es nicht, wird die Rolle des Hundes nach drei Runden automatisch neu besetzt.

Hinweis

Man kann natürlich auch ein anderes Tier mit einem typischen Spielzeug oder Leckerli wählen.

17 Steinrechnen

HÖREN

Übungsformat

Einzel-, Partner- oder Gruppenübung

Material

- gleich große und gleich schwere Steine
- Gefäß (z. B. Schüssel, Kiste o. Ä.), das nicht kaputtgehen kann

Zielsetzung

- Förderung der Geräuschwahrnehmung
- Förderung der auditiven Merkfähigkeit

Vorbereitung

—

17 Steinrechnen

Durchführung

Lassen Sie nacheinander einzelne Steine in das Gefäß fallen. Die Lernenden schließen ihre Augen und hören gut zu. Sie sollen die einzelnen Töne mitzählen, die die Steine beim Aufprall erzeugen. Am Ende nennen die Lernenden die Anzahl an Steinen, die sie gehört haben, und kontrollieren ihre Vermutung durch einen Blick ins Gefäß.

Variante

Mit unterschiedlich großen Steinen oder verschiedenen Gegenständen werden unterschiedlich hohe Klänge erzeugt. Obwohl sie verschiedene Klänge wahrnehmen, sollen die Lernenden sich auf die gleich klingenden Gegenstände konzentrieren und deren Anzahl benennen.

© Verlag an der Ruhr | ISBN 978-3-8346-6285-9 | Icon Hören: © Sudowoodo – Shutterstock.com; Fotos: Mona Mergemeier

18 Mäuschen, piep einmal!

Übungsformat

Partner- oder Gruppenübung

Material

—

Zielsetzung

Förderung der Geräuschwahrnehmung
Förderung der auditiven Lokalisation

Vorbereitung

—

18 Mäuschen, piep einmal!

Durchführung

Eine Person wird ausgewählt und schließt die Augen, während alle anderen sich verstecken. Bevor die suchende Person sich umschaut, sagt sie „Mäuschen, piep einmal!" und eine zuvor ausgewählte Person macht das erste „Piep"-Geräusch. Die suchende Person lokalisiert das Geräusch und startet die Suche in dieser Richtung. So geht es weiter, bis alle Verstecke aufgedeckt wurden.

Hinweise

Das Spiel ähnelt dem normalen Versteckspiel, allerdings liegt der Fokus hier auf der auditiven Wahrnehmung. Es ist also erwünscht, dass die Lernenden Geräusche von sich geben. Es bietet sich an, einen Ort zu wählen, der mehrere Verstecke bereithält.

Varianten

- Man kann im Vorfeld allen Mitspielenden verschiedene Tiere zuordnen, deren Geräusche dann gemacht werden, wenn die entsprechenden Tiere aufgerufen werden. Beispiel: Bei der Aufforderung „Hündchen, melde dich!" muss die Person, die der Hund ist, einmal bellen.
- Wenn Personen gefunden wurden, können sie zusammen mit der suchenden Person als Gruppe suchen und gemeinsam hören, wo die anderen versteckt sind.

19 Geräusche raten

Übungsformat

Einzel-, Partner- oder Gruppenübung

Material

- Materialien, die spezielle Alltagsgeräusche erzeugen, z. B. Öffnen einer Dose, Toilettenspülung, Regen, knisternde Tüte, Kugelschreiberdruck, Ticken eines Weckers, Tiergeräusche, Biss in einen Apfel etc.
- bei Aufnahme: ein Smartphone oder anderes Aufnahmegerät

Zielsetzung

- Förderung der Geräuschwahrnehmung
- Förderung der auditiven Merkfähigkeit

19 Geräusche raten

Vorbereitung

Sie können die Geräusche im Vorfeld aufnehmen und dann abspielen oder sie direkt vor Ort mithilfe der Materialien ausführen. Alternativ können Sie auch im Internet (z. B. auf YouTube) nach den Geräuschen suchen.

Durchführung

Das Geräusch wird abgespielt/erzeugt und die Lernenden erraten den Ursprung des Geräuschs bzw. identifizieren es.

Hinweise

Die Auswahl der Alltagsgeräusche sollte vom Kenntnisstand der Lernenden abhängig gemacht werden. Es kann auch sinnvoll sein, die Alltagsgeräusche vor der Durchführung der Übung schon einmal mit den Lernenden durchzugehen.

Variante

Die Geräusche können gemischt oder nach Kategorien sortiert angeboten werden, beispielsweise kann man eine Raterunde nur zu Tiergeräuschen machen.

20 Hoch und tief

Übungsformat

Einzel-, Partner- oder Gruppenübung

Material

Instrumente mit verschiedenen Klanghöhen und -tiefen

Zielsetzung

- Förderung der auditiven Aufmerksamkeit
- Förderung der Geräuschdifferenzierung

Vorbereitung

—

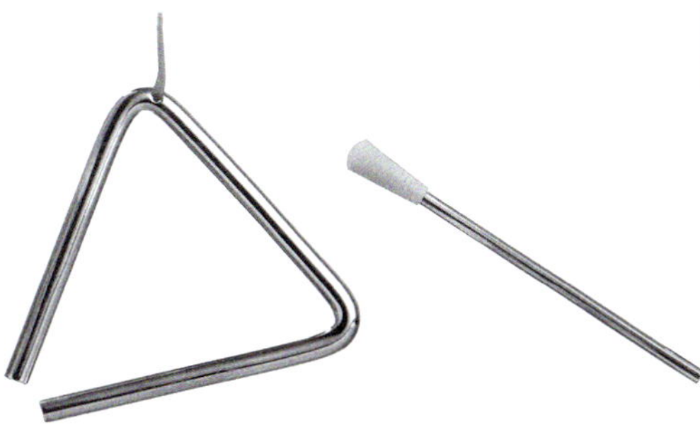

Hoch und tief

Durchführung

Die Klänge der Instrumente werden vorgeführt, während die Lernenden genau zuhören. Je nach kognitivem Niveau der Lernenden können Sie drei bis acht Klänge präsentieren. Fordern Sie die Lernenden nach jedem Klangerlebnis dazu auf, ihre Eindrücke mündlich zu äußern oder schriftlich festzuhalten, und stellen Sie Fragen, wie z. B.: „Ist der Klang hoch oder tief?“ Nachdem alle Klänge einmal gespielt wurden, sollen die Lernenden sie der Klanghöhe nach sortieren.

Hinweise

Es bietet sich an, die Instrumente im Vorfeld zu benennen und genauer über sie zu sprechen. Die Lernenden sollten in der Lage sein, zwischen hohen und tiefen Klängen zu unterscheiden.

Varianten

- Wenn die Lernenden die Klänge nur in die Kategorien „hoch“ und „tief“ einordnen sollen, wird die Aufgabe einfacher.
- Sie können die Lernenden auch bitten, die Instrumente der Reihenfolge nach von „hoch“ zu „tief“ anzuordnen.
- Ebenfalls können Sie Alltagsgegenstände (z. B. Schlüssel, Glocke, Gläser, Klopfen etc.) verwenden, mit denen man unterschiedlich hohe bzw. tiefe Geräusche erzeugen kann.
- Außerdem können Sie Audioaufnahmen abspielen, auf denen unterschiedlich hohe bzw. tiefe Töne zu hören sind.

21 | # Was hat sich im Raum verändert?

Übungsformat

Partner- oder Gruppenübung

Material

—

Zielsetzung

- Förderung der Raum-Lage-Wahrnehmung
- Förderung des visuellen Gedächtnisses

Vorbereitung

—

21 Was hat sich im Raum verändert?

Durchführung

Die Lernenden setzen sich in einen Stuhlkreis und prägen sich die aktuelle Situation und den Raum rund um den Kreis genau ein. Eine Person verlässt den Raum. Im Stuhlkreis wird etwas verändert (z. B. tauschen zwei Lernende den Platz oder Stühle werden ausgetauscht).
Die Person, die den Raum verlassen hat, wird hereingerufen und soll die Veränderung nun erkennen und (wenn möglich) verbal benennen.

Hinweis

Begleiten Sie den Prozess gern auch sprachlich: „Was hat sich verändert?“

Variante

Um die Aufgabe etwas einfacher zu gestalten, können auch zwei Lernende den Raum verlassen und anschließend gemeinsam rätseln, was sich verändert hat.

22 Was hat sich auf dem Tisch verändert?

Übungsformat

Partner- oder Gruppenübung

Material

verschiedene Gegenstände (z. B. Würfel, Murmeln, Nudeln, Büroklammern etc.)

Zielsetzung

- Förderung der Figur-Grund-Wahrnehmung
- Förderung des visuellen Gedächtnisses

Vorbereitung

—

22 Was hat sich auf dem Tisch verändert?

Durchführung

Es werden verschiedene Materialien in einer bestimmten Art und Weise auf eine vorgegebene Fläche gelegt. Die Lernenden prägen sich die Materialien und ihre Anordnung genau ein, bevor sie ihre Augen schließen. Während die Augen geschlossen sind, wird das gelegte Muster verändert (z. B. werden Materialien weggenommen, woanders platziert, ergänzt etc.). Im Anschluss sollen die Lernenden die Veränderung erkennen und (wenn möglich) verbal benennen.

Hinweis

Begleiten Sie den Prozess gern auch sprachlich und fragen Sie die Lernenden: „Was hat sich verändert?“

Varianten

- Als Differenzierungsmöglichkeit können mehr oder weniger Dinge verändert werden.
- Die Übung kann auch von zwei Lernenden durchgeführt werden, die abwechselnd Muster legen und die Veränderung erkennen müssen.
- Wenn eine Lesekompetenz vorhanden ist, können auch Wörter oder Sätze an die Tafel geschrieben werden, die sich die Lernenden merken müssen, bevor etwas verändert wird.

23 Formenpuzzle

Übungsformat

Einzel- oder Partnerübung

Material

- farbiges und weißes Papier
- Schere
- Bleistift
- Lineal

Zielsetzung

- Förderung der Wahrnehmungskonstanz
- Förderung der Formwahrnehmung

Formenpuzzle

Vorbereitung

- Schneiden Sie beliebige Formen aus dem farbigen Papier aus (z. B. geometrische Formen).
- Malen Sie den Umriss der gleichen Formen auf weißes Papier.

Durchführung

Die Lernenden legen die bunten Formen auf die entsprechenden Stellen auf dem weißen Papier.

Hinweis

Begleiten Sie den Prozess gern auch sprachlich und fragen Sie die Lernenden: „Was muss ergänzt werden?" So kann neben den sprachlichen Fähigkeiten und dem visuellen Erkennen auch noch das Formverständnis geübt werden.

Variante

Alternativ können Sie auch kleine Figuren oder Gegenstände auf dem weißen Papier mit dem Bleistift umranden und die Lernenden müssen diese dann den Umrandungen zuordnen.

24 Der Größe nach

Übungsformat

Einzel-, Partner- oder Gruppenübung

Material

unterschiedlich große Gegenstände
(z. B. Holzklötze oder andere Bausteine)

Zielsetzung

- Förderung der Raum-Lage-Wahrnehmung
- Förderung der Wahrnehmungskonstanz

Vorbereitung

—

24 Der Größe nach

Durchführung

Die Lernenden sortieren die zur Verfügung gestellten Gegenstände der Größe nach.

Hinweise

Es bietet sich an, den Prozess verbal zu begleiten und die Gegenstände zu benennen (Farbe, Aussehen, Bezeichnung), um auch die verbalen Fähigkeiten zu fördern. Diese Übung setzt das Bedeutungsverständnis der Begriffe „groß“ und „klein“ voraus.

Variante

Wenn Sie die Lernenden ungleiche Gegenstände (z. B. Spielzeugautos, Tierfiguren, Lebensmittel etc.) der Größe nach sortieren lassen, erhöht das den Schwierigkeitsgrad.

DIY-Deckel

Übungsformat

Einzelübung

Material

- verschiedenfarbige Deckel und Drehvorrichtungen von Karton-Getränkeverpackungen (z. B. von Milch oder Saft)
- Heißkleber
- Pappe
- farbige Stifte

Zielsetzung

- Förderung der Formwahrnehmung
- Förderung des visuellen Gedächtnisses

25 DIY-Deckel

Vorbereitung

- Spülen Sie die Getränkeverpackungen gut aus und entfernen Sie die Deckel von den Drehvorrichtungen (ggf. müssen sie abgeschnitten werden).
- Schneiden Sie die Drehvorrichtungen aus den Karton-Verpackungen aus.
- Kleben Sie die Drehvorrichtungen auf Pappe (z. B. in Form einer Blume, Stängel grün – Blüte bunt).
- Umranden Sie die Drehvorrichtungen farbig.

Durchführung

Die Lernenden drehen die Deckel auf die richtigen Drehvorrichtungen.

Varianten

- Wenn auf die Deckel und in die auf der Pappe klebenen Drehvorrichtung Buchstaben oder Zahlen geschrieben werden, kann auch so eine Zuordnung stattfinden, für die die visuellen Fähigkeiten der Lernenden notwendig sind.
- Wenn Sie zusätzlich ohne Farben arbeiten, wird die Übung noch etwas schwieriger.

Farben ordnen

Übungsformat

Einzelübung

Material

- kleine Gläser/Boxen
- bunte Pompons
- Buntstifte
- mehrere kleine weiße Blätter

Zielsetzung

- Förderung der Farbwahrnehmung
- Förderung der Wahrnehmungskonstanz

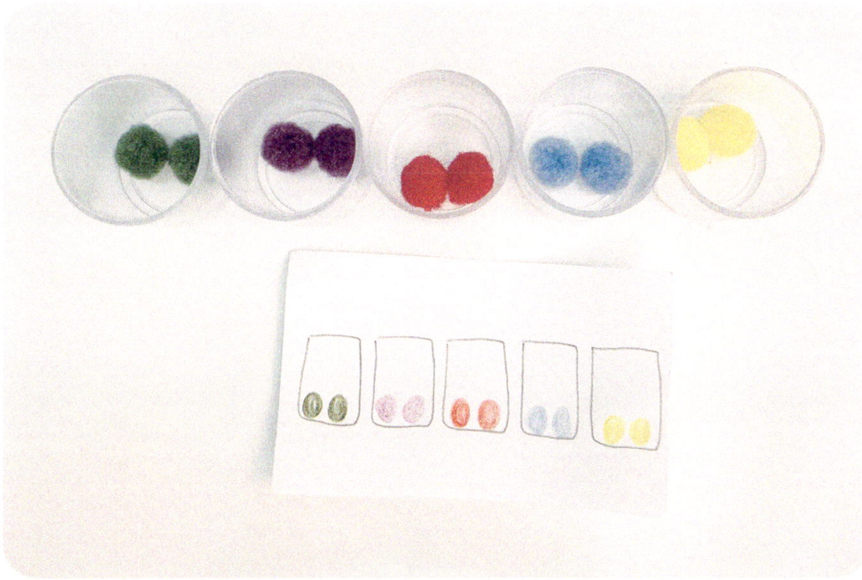

Farben ordnen

Vorbereitung

- Malen Sie auf jedes kleine, weiße Blatt jeweils ein kleines Glas.
- Malen Sie unterschiedlich viele Kreise in verschiedenen Farben in die Gläser.
- Wiederholen Sie die ersten beiden Schritte beliebig oft mit verschiedenen Variationen.

Durchführung

Die Lernenden erhalten ein Blatt, auf dem ein Glas zu sehen ist, in das verschiedenfarbige Kreise gemalt sind. Nun sortieren die Lernenden bunte Pompons, entsprechend der Vorlage, in ein kleines Glas ein.

Hinweise

Für diese Übung ist es nicht notwendig, die Farben bereits benennen zu können, aber es bietet sich an, die Übung verbal zu begleiten, um die Benennung zu fördern. Man kann die Muster auch fotografieren, statt die Vorlagen per Hand zu malen.

Variante

Zur Differenzierung können die Vorlagen unterschiedlich schwer gestaltet sein. So können sie z. B. nur einen oder mehrere bunte Pompons pro Glas zeigen.

27 Bausteine nach Muster

Übungsformat

Einzel- und Partnerübung

Material

- (bunte) Bausteine
- mehrere kleine, weiße Blätter
- Buntstifte

Zielsetzung

- Förderung der Wahrnehmungskonstanz
- Förderung der Formwahrnehmung

27 Bausteine nach Muster

Vorbereitung

- Malen Sie ein Muster aus bunten Bausteinen auf ein weißes Blatt.
- Wiederholen Sie diesen Prozess beliebig oft mit verschiedenen Mustern.

Durchführung

Die Lernenden erhalten eine Vorlage und legen das entsprechende Muster mit den Bausteinen.

Hinweis

Man kann die Muster auch fotografieren, statt die Vorlagen per Hand zu malen.

Varianten

- Wenn die Vorlage in schwarz-weiß ist, erhöht das den Schwierigkeitsgrad.
- Sie können die Übung schwieriger gestalten, indem Sie den Lernenden Bausteine zur Verfügung stellen, die nicht die gleiche Farbe haben wie die gemalten/fotografierten Bausteine auf der Vorlage (z. B. ist das Dreieck auf der Vorlage rot, aber der dazugehörige dreieckige Baustein ist gelb). So müssen sich die Lernenden stärker auf die Form und Größe der Bausteine konzentrieren und können sich nicht auf die Farbzuordnung verlassen.

28 Pompons sortieren

Übungsformat

Einzelübung

Material

- weiße Mischpalette
- bunte Pompons
- Klebepunkte in Farbe der Pompons oder Papier (in Farbe der Pompons) mit Kleber und Schere

Zielsetzung

- Förderung der Farbwahrnehmung
- Förderung der Wahrnehmungskonstanz

Vorbereitung

- (Schneiden Sie Punkte aus buntem Papier aus.)
- Kleben Sie die verschiedenen (Klebe-)Punkte in die einzelnen „Abteile" der Mischpalette.

Pompons sortieren

Durchführung

Die Lernenden ordnen den einzelnen „Abteilen" die zugehörigen Pompons zu. Enthält ein Abteil z. B. einen roten und einen blauen Klebepunkt, legen die Lernenden einen roten und einen blauen Pompon in die entsprechende Vertiefung.

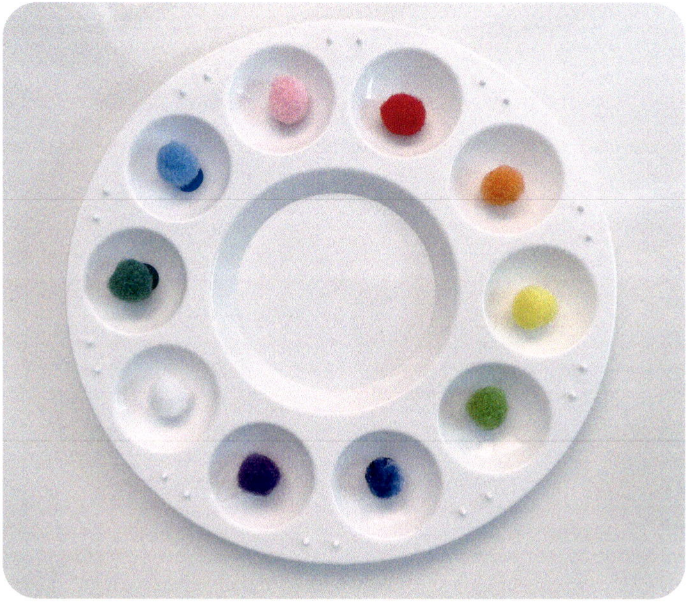

Hinweis

Für diese Übung ist es nicht notwendig, die Farben bereits benennen zu können, aber es bietet sich an, die Übung verbal zu begleiten, um die Benennung zu fördern.

© Verlag an der Ruhr | ISBN 978-3-8346-6285-9 | Icon Sehen: © Sudowoodo – Shutterstock.com; Foto: Mona Mergemeier

29 Puzzeln

Übungsformat

Einzel- oder Partnerübung

Material

- 2 ausgedruckte, identische Fotos
- Schere
- weißes Papier
- Kleber

Zielsetzung

- Förderung der Formwahrnehmung
- Förderung der Raum-Lage-Wahrnehmung

29 Puzzeln

Vorbereitung

- Schneiden Sie eines der beiden identischen Fotos in gleich große Teile.
- Kleben Sie das andere Foto auf weißes Papier.

Durchführung

Die Lernenden sollen die Puzzleteile zum Ursprungsfoto zusammensetzen.

Hinweis

Fotos, auf denen die Lernenden selbst zu sehen sind oder ihnen bekannte Situationen dargestellt werden, können die Lernmotivation steigern.

Varianten

- Sie können auch geometrische Form zerschneiden und diese von den Lernenden wieder zusammensetzen lassen (z. B. zwei große Dreiecke aus einem Viereck).
- Der Schwierigkeitsgrad wird erhöht, wenn Sie das Foto/die Form in unterschiedlich große Teile zerschneiden.
- Ebenfalls schwieriger wird die Aufgabe, wenn Sie den Umriss des Fotos/der Form auf Papier zeichnen und die Lernenden die einzelnen Teile ohne visuelle Vorlage einsetzen müssen.

30 Ich suche ...

Übungsformat

Partner- oder Gruppenübung

Material

verschiedene Gegenstände (sowohl welche, die miteinander in Zusammenhang stehen, als auch welche, die keinen Bezug zueinander aufweisen), wie z. B. Bürste, Trinkflasche, Papier, Korb, Schere, Brille, Lebensmittel etc.

Zielsetzung

- Förderung der visuellen Differenzierung
- Förderung der Figur-Grund-Wahrnehmung

Vorbereitung

- Verteilen Sie die Gegenstände zugänglich im Raum.
- Alternative: Sprechen Sie mit den Lernenden ab, in welchem räumlichen Bereich gespielt wird und was erlaubt ist (z. B. das Suchen in Schränken).

30 Ich suche …

Durchführung

Sie beschreiben den Lernenden anhand von verschiedenen Aussagen, welchen Gegenstand Sie suchen.
Die Lernenden sollen die Gegenstände mithilfe Ihrer Beschreibungen finden. Es bietet sich an, dass die zuerst genannten Eigenschaften zunächst auf mehrere Gegenstände zutreffen und dann immer spezieller werden.
Starten Sie Ihre Beschreibung z. B. folgendermaßen: „Ich suche einen kleinen Gegenstand."
Anschließend können Sie z. B. mit folgenden Hinweisen spezifischer werden: „Ich suche einen harten Gegenstand."/„Ich suche einen Gegenstand zum Trinken."/„Ich suche einen Gegenstand für heiße Getränke."/„Ich suche eine Tasse."

Hinweis

Den Lernenden sollten die Gegenstände und ihre Bezeichnungen im Vorfeld bekannt sein.

Variante

Die Aufgabe wird einfacher, wenn die Gegenstände nicht im Raum verteilt, sondern zentral auf einer abgegrenzten Fläche liegen.

31 Geruchsdosen

RIECHEN

Übungsformat

Einzel-, Partner- oder Gruppenübung

Material

- kleine (Film-)Dosen/Gläser (am besten nicht durchsichtig)
- geruchsintensive Materialien, wie z. B. Tee, Gräser, Kräuter, Zimtstange etc.
- *bei Bedarf:* Tapes für durchsichtige Behältnisse
- *bei Bedarf:* Etikett und Stift für Lösungsbeschriftung

Zielsetzung

- Förderung der olfaktorischen Wahrnehmung
- Förderung der Geruchsdifferenzierung

31 Geruchsdosen

Vorbereitung

- Füllen Sie jeweils ein Duftobjekt in ein Behältnis.
- *bei Bedarf:* Bringen Sie unter den Behältnissen jeweils ein Etikett mit der Lösung (Was ist drin?) an.

Durchführung

Die Lernenden nehmen sich ein Behältnis und „erriechen“ (mit geschlossenen Augen) den Inhalt. Haben die Lernenden eine Idee, welcher Inhalt sich in dem Behältnis befinden könnte, können sie ihre Vermutung mithilfe der Lösungsetiketten überprüfen.

Hinweis

Es bietet sich an, die Materialien im Vorfeld genauer zu besprechen und zu benennen. Die Lernenden sollten in der Lage sein, die Inhalte zu erkennen bzw. zu „erriechen“.

Geruchspaare

Übungsformat

Einzel-, Partner- oder Gruppenübung

Material

- kleine (Film-)Dosen/Gläser (am besten nicht durchsichtig)
- geruchsintensive Materialien, wie z. B. Tee, Gräser, Kräuter, Zimtstange etc.
- *bei Bedarf:* Tapes für durchsichtige Behältnisse
- *bei Bedarf:* bunte Sticker o. Ä. als Selbstkontrollmöglichkeit

Zielsetzung

- Förderung der olfaktorischen Wahrnehmung
- Förderung der Geruchsdifferenzierung

Geruchspaare

Vorbereitung

- Füllen Sie jeweils zweimal die gleichen Materialien in zwei Behältnisse und verschließen Sie diese.
- *bei Bedarf:* Markieren Sie die Dosen mit identischem Inhalt auf der Unterseite auf die gleiche Art und Weise (zur Selbstkontrolle).

Durchführung

Die Lernenden nehmen sich zwei Behältnisse und riechen (mit geschlossenen Augen) an den Inhalten. Glaubt eine Person, sie habe zwei Dosen mit demselben Geruch gefunden, kann sie ihre Vermutung durch die Markierungen an der Unterseite der Dosen kontrollieren. Riechen die Inhalte nicht gleich, so werden die Behältnisse wieder zurückgestellt und die nächste Person ist an der Reihe.

Hinweis

Es bietet sich an, die Materialien im Vorfeld genauer zu besprechen und zu benennen. Die Lernenden sollten in der Lage sein, die Inhalte zu erkennen bzw. zu „erriechen".

Variante

Um den Schwierigkeitsgrad zu erhöhen, können Sie die Lernenden dazu auffordern, nicht nur die Gerüche zu beschreiben und zu vergleichen, sondern auch Vermutungen über die Inhalte der Dosen anzustellen.

33 Geruchsreise durch die Küche

Übungsformat

Einzel-, Partner- oder Gruppenübung

Material

- geruchsintensive Lebensmittel, wie z. B. Banane, stark riechender Käse, Mandarinen oder aufgeschnittene Zitronen, Salami etc.
- kleine Löffel
- kleine Teller
- *bei Bedarf:* Augenbinde

Zielsetzung

- Förderung der olfaktorischen Wahrnehmung
- Förderung der Geruchsdifferenzierung beim Essen

33 Geruchsreise durch die Küche

Vorbereitung

- Bereiten Sie die Lebensmittel so zu, dass sie am geruchsintensivsten präsentiert werden können.
- Portionieren Sie die Lebensmittel auf kleinen Tellern oder Löffeln.

Durchführung

Die Lernenden schließen ihre Augen (oder sie werden ihnen verbunden) und bekommen jeweils eine Geruchsprobe der verschiedenen Lebensmittel präsentiert. Sie beschreiben, was sie riechen und welches Lebensmittel sie hinter dem Geruch vermuten.

Hinweise

Erfragen Sie schon im Vorfeld einige Gerüche von Lebensmitteln, die den Lernenden bekannt sind.
Sie können dann entweder gezielt diese Lebensmittel beschaffen und „erriechen“ lassen oder ähnliche, andere Geruchsquellen wählen.
Begleiten Sie hier gerne auch sprachlich und stellen Fragen wie „Was riechst du?“/„Wie riecht es?“.

34 | Der Nase nach

Übungsformat

Einzel-, Partner- oder Gruppenübung

Material

- stark riechende Geruchsquelle, wie z. B. Seife, Lampe mit Duft, Räucher- oder Duftstäbchen etc.
- Tuch o. Ä. zum Abdecken der Geruchsquelle

Zielsetzung

- Förderung der olfaktorischen Bewusstheit
- Förderung der Geruchswahrnehmung

Der Nase nach

Vorbereitung

- Verstecken Sie die Geruchsquelle vor der Lerneinheit im Raum.
- Decken Sie die Geruchsquelle bei Bedarf ab.

Durchführung

Die Lernenden suchen die Geruchsquelle mithilfe ihres Riechorgans.

Hinweis

Begleiten Sie diese Übung gern sprachlich und lassen Sie den Geruch beschreiben oder stellen Sie konkrete Fragen dazu: „Wie riecht es?“, „Ist es ein angenehmer Geruch?“ etc.

Variante

Wenn die Lernenden die Geruchsquelle mit geschlossenen Augen suchen, erhöht das den Schwierigkeitsgrad. Dabei können dann auch andere Lernende mit richtungsweisenden Kommentaren, wie „Heiß!“ oder „Kalt!“, helfen.

35 Wie riecht es im Wald?

Übungsformat

Gruppenübung

Material

—

Zielsetzung

- Förderung der olfaktorischen Wahrnehmung
- Förderung der Geruchsdifferenzierung in der Umwelt

Vorbereitung

—

Wie riecht es im Wald?

Durchführung

Bei einem Ausflug in den Wald entdecken die Lernenden die Gerüche, die es dort gibt. Es wird thematisiert, ob die Gerüche als „gut" oder „nicht gut riechend" eingestuft werden.

Hinweis

Es bietet sich an, die Gerüche, die im Wald wahrgenommen werden können, schon im Vorfeld zu besprechen. Das gibt vor allem schwächeren Lernenden die Möglichkeit, im Wald gezielt nach Gerüchen zu suchen.

Variante

- Sie können Bildkarten bereitstellen, die die Lernenden auf bestimmte Geruchsquellen hinweisen sollen.
- Sollte es in Einrichtungsnähe keinen Wald o. Ä. geben, können die Gerüche auch „mitgebracht" werden. Dafür eignen sich sowohl geruchsintensive (z. B. Tannengrün, nasses Laub) als auch geruchslose (z. B. Kastanien, Eicheln, Nüsse) Naturmaterialien.

Wie riecht es?

Übungsformat

Einzel- oder Partnerübung

Material

- verschiedene Geruchsquellen, die die Mehrzahl der Menschen als „gut“ (z. B. Duftkerzen, Kakao) und „nicht gut riechend“ (z. B. Müllbeutel, gekochter Rosenkohl) einstufen würde
- kleine Teller o. Ä. zum Präsentieren
- *bei Bedarf:* Augenbinde

Zielsetzung

- Förderung der olfaktorischen Wahrnehmung
- Förderung der Geruchsdifferenzierung

Wie riecht es?

Vorbereitung

Verteilen Sie die Geruchsquellen auf Tellern o. Ä.

Durchführung

Bei Bedarf werden den Lernenden die Augen verbunden. Die Lernenden riechen mit geschlossenen (oder verbundenen) Augen an den verschiedenen Geruchsquellen und ordnen sie nach ihrem subjektiven Empfinden in die Kategorien „gut“ und „nicht gut“ ein.

Hinweise

- Es bietet sich an, vorher anzukündigen, dass manche Gerüche den Lernenden besser gefallen könnten als andere.
- Beachten Sie unbedingt Allergien.

Varianten

- Die Lernenden begründen ihre Kategorisierung.
- Die Lernenden vergleichen ihre Kategorisierungen untereinander.

37 Ort gesucht

Übungsformat

Einzel-, Partner- oder Gruppenübung

Material

- nicht durchsichtige Gefäße
- verschiedene Geruchsquellen, die an spezifische Orte erinnern, wie z. B. Waschmittel, Seife, Heu, Tierfutter, Regenwasser, gebratene Zwiebeln etc.
- *bei Bedarf:* Augenbinde

Zielsetzung

- Förderung der olfaktorischen Wahrnehmung
- Förderung der olfaktorischen Aufmerksamkeit

Vorbereitung

Präsentieren Sie die Geruchsquellen in Gefäßen.

37 Ort gesucht

Durchführung

Die Lernenden riechen an der Geruchsquelle (mit geschlossenen Augen) und benennen den Ort, den sie diesem Geruch zuordnen.

Hinweise

Es bietet sich an, im Vorfeld mit den Lernenden zu besprechen, welche Gerüche sie an welche Orte erinnern. Die genannten Geruchsquellen und Gerüche können Sie dann für die Übung auswählen. Begleiten Sie diese Übung gern sprachlich und nehmen auch das Thema „Emotionen" mit auf. Fragen wie: „Woran erinnert dich dieser Duft?", „Kommt dir eine Situation ins Gedächtnis, wenn du daran riechst?" können dabei nützlich sein.

Varianten

- Die Lernenden vergleichen ihre Zuordnungen mit denen der anderen Lernenden.
- Die Lernenden ordnen die Gerüche den Kategorien „angenehmer Geruch" und „unangenehmer Geruch" zu und vergleichen diese Zuteilungen untereinander.

Duftballons

Übungsformat

Einzel-, Partner- oder Gruppenübung

Material

- Luftballons
- geruchsintensive Materialien, wie z. B. Tee, Gräser, Kräuter, Zimtstange etc.
- *bei Bedarf:* Augenbinde

Zielsetzung

- Förderung der olfaktorischen Wahrnehmung
- Förderung der Geruchsdifferenzierung

Duftballons

Vorbereitung

- Füllen Sie jeweils ein Duftobjekt in einen Luftballon.
- Verschließen Sie die Luftballons dicht.

Durchführung

Die Lernenden nehmen sich einen Ballon und „erriechen" (mit geschlossenen Augen) den Inhalt.

Hinweis

Es bietet sich an, die verwendeten Füllmaterialien im Vorfeld genauer zu besprechen und zu benennen. Die Lernenden sollten in der Lage sein, die Inhalte zu erkennen bzw. zu „erriechen".

Variante

Bei Verwendung von „ertastbarem" Material im Luftballon kann der Tastsinn zur Unterstützung eingesetzt werden.

39 Wofür eigentlich Schmecken?

Übungsformat

Einzel-, Partner- oder Gruppenübung

Material

- 4 durchsichtige Gefäße (z. B. kleine Gläser oder Schälchen)
- 10 g Mehl, Salz, Zucker und Puderzucker (alles weiß)

Zielsetzung

- Förderung der gustatorischen Wahrnehmung
- Förderung der Geschmacksdifferenzierung

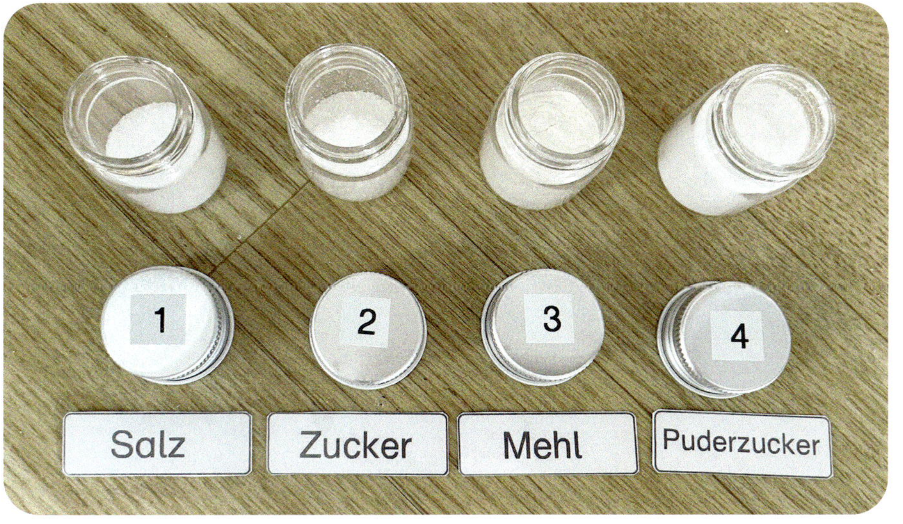

39 Wofür eigentlich Schmecken?

Vorbereitung

Befüllen Sie die Gefäße mit jeweils einer Zutat.

Durchführung

Fragen Sie die Lernenden, wie sie rausfinden könnten, was sich in den Gefäßen befindet. Es sollen gemeinsam Ideen gesammelt und Rückschlüsse auf unsere Sinne gezogen werden.
Fragen Sie die Lernenden, mit welchem Sinn die Inhalte am eindeutigsten identifiziert werden können, und lassen Sie sie anschließend ihre Vermutungen überprüfen. Dafür sollen die Lernenden alle Sinne einsetzen und bewerten, wie hilfreich die einzelnen Sinne bei der Identifizierung der Inhalte sind.

Die Erkenntnisse könnten wie folgt aussehen:

- **visuell:** alle Inhalte sind weiß
- **taktil:** Zucker und Salz sowie Mehl und Puderzucker fühlen sich sehr ähnlich an
- **olfaktorisch:** alle Inhalte riechen sehr ähnlich,
- **auditiv:** nicht hilfreich
- **gustatorisch:** durch den Geschmack klar zu unterscheiden

Hinweise

Es bietet sich an, die verwendeten Materialien im Vorfeld genauer zu besprechen und zu benennen. Die Lernenden sollten in der Lage sein, die Inhalte zu erkennen bzw. zu „erschmecken“. Diese Übung eignet sich gut, um den Geschmackssinn bei den Lernenden einzuführen und sie darauf aufmerksam zu machen, wofür wir ihn haben bzw. brauchen.

Überraschungsgetränk

Übungsformat

Einzelübung

Material

- Schuhkarton
- kleine Gläser
- flüssige Lebensmittel, wie z. B. Saft, Tomatensoße, Wasser, Milch, Schokosoße, Salzwasser etc.
- Strohhalme
- Lochzange

Zielsetzung

- Förderung der gustatorischen Wahrnehmung
- Förderung der Geschmacksdifferenzierung

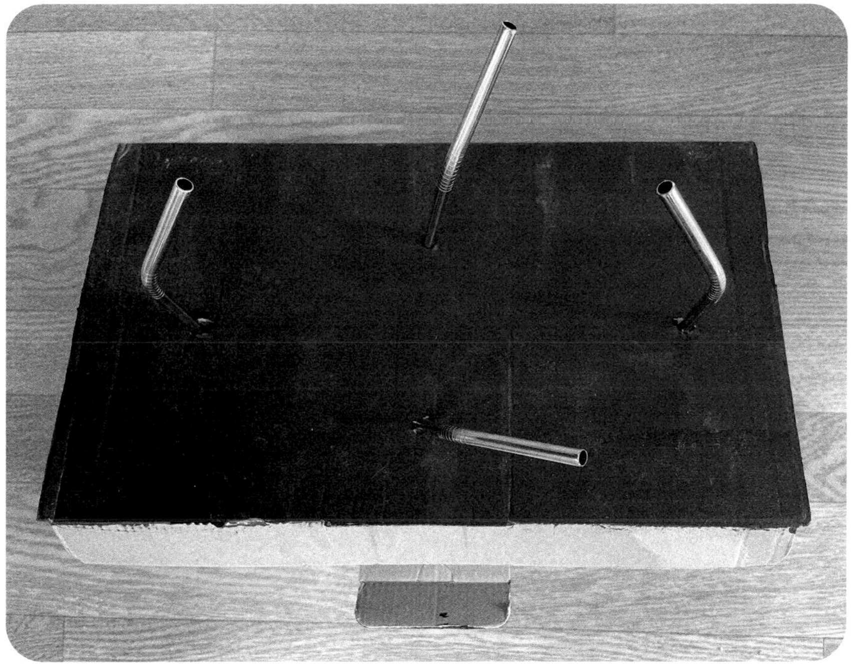

40 Überraschungsgetränk

Vorbereitung

- Füllen Sie jeweils eine der Flüssigkeiten in ein Glas.
- Schneiden Sie Löcher in den Deckel eines Schuhkartons.
- Stecken Sie (bei jedem*jeder neuen Lernenden neue) Strohhalme durch die Löcher.
- Stellen Sie die Gläser in den Schuhkarton, sodass die Strohhalme in den Flüssigkeiten stehen.

Durchführung

Die Lernenden trinken aus den Strohhalmen und „erschmecken" die Inhalte der Gläser. Sie benennen die Flüssigkeiten und unterteilen sie in die Kategorien „Essen" und „Getränke".

Hinweis

Es bietet sich an, die verwendeten Flüssigkeiten im Vorfeld genauer zu besprechen und zu benennen. Die Lernenden sollten in der Lage sein, die Inhalte zu erkennen bzw. zu „erschmecken".

Variante

Um den Schwierigkeitsgrad zu erhöhen, kann in allen Gläsern Wasser mit verschiedenen Geschmacksverstärkern (z. B. Sirup, Früchte etc.) zur Verfügung gestellt werden.

Der Zunge nach

Übungsformat

Einzel-, Partner- oder Gruppenübung

Material

- 4–5 Behältnisse
- *bei Bedarf:* Wortkarten mit den vier (oder fünf) Geschmacksrichtungen (süß, salzig, bitter, sauer und evtl. umami)
- geschmacksintensive Lebensmittel (z. B. süß: Banane; salzig: Salzbrezel, salzige Heringe; bitter: Zartbitterschokolade, Rucola; sauer: Brausestäbchen, Zitrone; umami: Brühe, Tomate etc.)

Zielsetzung

- Förderung der gustatorischen Wahrnehmung
- Förderung der Differenzierung von Geschmacksrichtungen

41 Der Zunge nach

Vorbereitung

- Stellen Sie die Behältnisse bereit und ordnen Sie sie jeweils einer Geschmacksrichtung zu (durch Beschriftung oder über die Wortkarten).
- Stellen Sie die verschiedenen Lebensmittel zur Auswahl bereit.

Durchführung

Die Lernenden nehmen sich ein Lebensmittel aus der bereitgestellten Auswahl und probieren es. Sie ordnen es einer der vier (oder fünf) Geschmacksrichtungen zu.

Hinweise

Es bietet sich an, die verwendeten Lebensmittel im Vorfeld genauer zu besprechen und zu benennen. Die Lernenden sollten in der Lage sein, die Inhalte den verschiedenen Geschmacksrichtungen zuzuordnen. Insbesondere bei „umami" sollten die Geschmacksrichtung und zugehörige Lebensmittel bereits thematisiert worden sein.

Variante

Die Lernenden ordnen die Lebensmittel den Geschmacksrichtungen zunächst zu, ohne sie zu probieren, und überprüfen ihre Einschätzung im Anschluss durch einen Geschmackstest.

42 Mit Zunge, ohne Nase

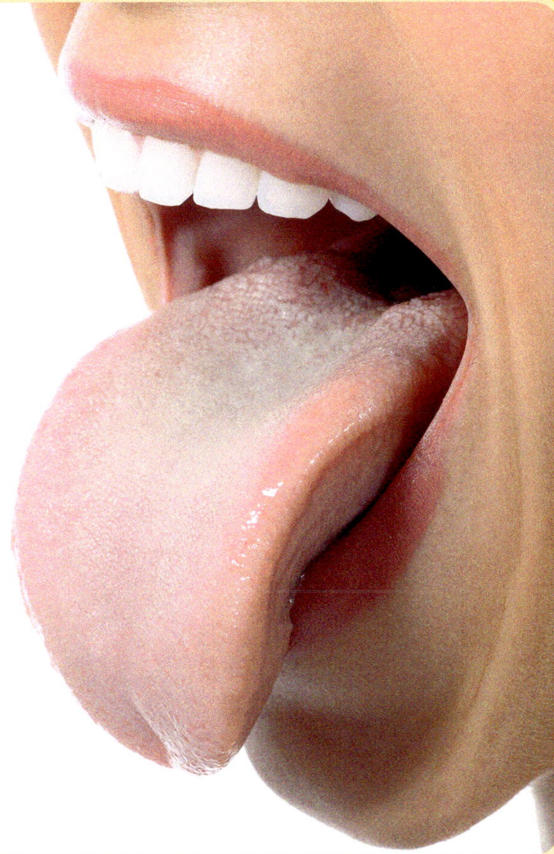

Übungsformat

Einzel-, Partner- oder Gruppenübung

Material

- verschiedene Nahrungsmittel
- *bei Bedarf:* Augenbinde

Zielsetzung

- Förderung der gustatorischen Wahrnehmung
- Förderung der Geschmacksdifferenzierung

Mit Zunge, ohne Nase

Vorbereitung

Stellen Sie die Nahrungsmittel bereit (ggf. aufschneiden, auf Teller legen etc.).

Durchführung

Die Lernenden halten sich die Nase zu und probieren die zur Verfügung gestellten Lebensmittel. Anschließend probieren sie dieselben Nahrungsmittel, ohne sich die Nase zuzuhalten, und beschreiben ihre Wahrnehmung. Welche Unterschiede können sie feststellen?

Hinweise

Es bietet sich an, die Nahrungsmittel im Vorfeld genauer zu besprechen und zu benennen.
Die Lernenden sollten in der Lage sein, die Lebensmittel zu erkennen bzw. zu „erschmecken".
Die Übung sollte verbal begleitet werden, um die Notwendigkeit bzw. das Zusammenspiel unserer Sinne noch stärker zu betonen.

Variante

Um den Schwierigkeitsgrad zu erhöhen, können den Lernenden auch die Augen verbunden werden.

43 Joghurt mit Schuss

Übungsformat

Einzel-, Partner- oder Gruppenübung

Material

- Naturjoghurt
- verschiedene Zusätze, wie z. B. Marmelade, Kräuter, Schokoladensoße, Früchte etc.
- Schälchen und Löffel für jede*n Lernende*n
- *bei Bedarf:* Augenbinde

Zielsetzung

- Förderung der gustatorischen Wahrnehmung
- Förderung der Geschmacksdifferenzierung

43 Joghurt mit Schuss

Vorbereitung

- Verrühren Sie ein bisschen Joghurt mit jeweils einem der Zusätze in einer Schale.
- Legen Sie Schälchen und Löffel bereit.

Durchführung

Die Lernenden nehmen sich einen eigenen Löffel und kosten vom Joghurt-Zusatz-Gemisch. Sie versuchen, zu „erschmecken", um welchen Zusatz es sich handelt.

Hinweise

Es bietet sich an, die verwendeten Lebensmittel im Vorfeld genauer zu besprechen und zu benennen. Die Lernenden sollten in der Lage sein, die Inhalte zu erkennen bzw. zu „erschmecken". Begleiten Sie diese Übung gern sprachlich und besprechen Sie mit den Lernenden, wie sich Lebensmittel durch verschiedene Zusätze verändern können. Hierbei können Sie auch auf das Thema gesunde Ernährung eingehen.

Varianten

- Die Übung wird schwieriger, wenn die Zusätze den Lernenden vorher nicht bekannt sind.
- Der Schwierigkeitsgrad erhöht sich auch, wenn die Lernenden die Augen schließen oder verbunden bekommen.

Getränke schmecken

Übungsformat

Einzel-, Partner- oder Gruppenübung

Material

- Gläser
- *bei Bedarf:* Strohhalme, Augenbinde
- Getränke, wie z. B. Tee, Limo, Saft, Wasser etc.
- *bei Bedarf:* Bildübersicht oder Liste mit verschiedenen oder nur den verwendeten Getränken zum Auswählen oder Ankreuzen

Zielsetzung

- Förderung der gustatorischen Wahrnehmung
- Förderung der Geschmacksdifferenzierung

44 Getränke schmecken

Vorbereitung

Füllen Sie (mehrere) Gläser mit verschiedenen Getränken.

Durchführung

Die Lernenden nehmen sich ein Glas und „erschmecken" den Inhalt.
Sie beschreiben, was sie geschmeckt haben, und benennen das Getränk. Je nach Leistungsniveau können Sie den Lernenden auch eine Bildübersicht oder eine Liste mit allen möglichen oder nur den verwendeten Getränken zum Auswählen oder Ankreuzen zur Verfügung stellen.

Hinweise

Es bietet sich an, die Getränke im Vorfeld genauer zu besprechen und zu benennen. Die Lernenden sollten in der Lage sein, die Inhalte der Gläser zu erkennen bzw. zu „erschmecken".
Begleiten Sie diese Übung gern sprachlich. Dafür können Fragen zur näheren Einordnung hilfreich sein: „Wie schmeckt das Getränk?", „Woran hast du das Getränk erkannt?"

Varianten

- Wenn die Gläser dunkel sind, sodass man den Inhalt nicht eindeutig identifizieren kann, erhöht sich der Schwierigkeitsgrad.
- Die Übung wird noch schwieriger, wenn die Lernenden die Augen schließen (oder verbunden bekommen).

45 Geschmackstest

Übungsformat

Einzel-, Partner- oder Gruppenübung

Material

- verschiedene geschmacksintensive Lebensmittel, wie z. B. Banane, Kartoffeln, Tomatensoße, Schokolade, Rührei, Gurke etc.
- Augenbinde
- Glas Wasser für jede*n Lernende*n

Zielsetzung

- Förderung der gustatorischen Wahrnehmung
- Förderung der Geschmacksdifferenzierung

Geschmackstest

Vorbereitung

Bereiten Sie die Lebensmittel so zu, dass sie direkt verzehrt werden können.

Durchführung

Die Lernenden kosten mit verbundenen Augen die angebotenen Lebensmittel, sie identifizieren und benennen diese. Zwischen den Geschmacksproben spülen die Lernenden sich den Mund mit Wasser aus.

Hinweis

Es bietet sich an, die verwendeten Lebensmittel im Vorfeld genauer zu besprechen und zu benennen. Die Lernenden sollten in der Lage sein, die Inhalte zu erkennen bzw. zu erschmecken.

Variante

Neben der Identifizierung der Lebensmittel können die Lernenden das „Erschmeckte“ auch in die Kategorien „mag ich“ und „mag ich nicht“ einteilen.

Über die Autorin

Mona Mergemeier ist Sonderpädagogin an einer Förderschule mit dem Schwerpunkt Geistige Entwicklung in Rostock, Mecklenburg-Vorpommern und zeitweise Dozentin für (sonder-)pädagogische Inhalte an der Universität Rostock. Auf Instagram sowie ihrem Blog zeigt sie (eigene) Unterrichtsmaterialien und gibt Anregungen zu Veränderungen in der Bildungspolitik.

Instagram: *www.instagram.com/quergedacht__*
Blog: *www.monaquergedacht.de*

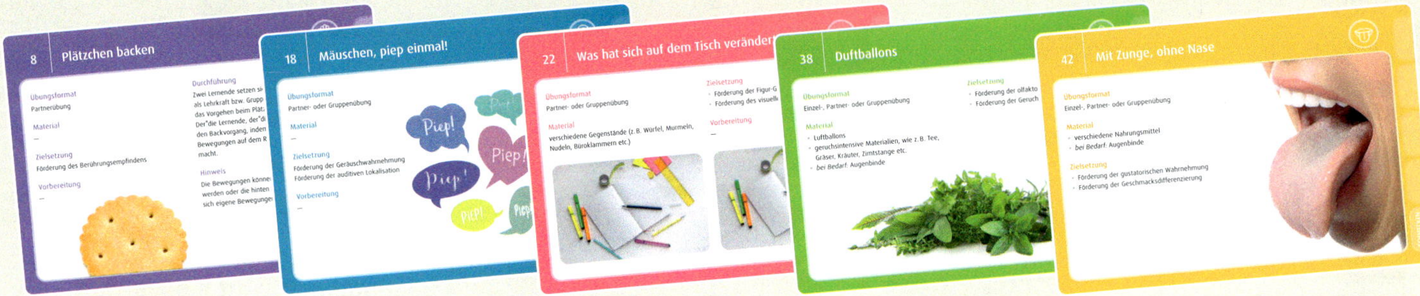

Mit diesem Karten-Set schärfen Sie gezielt die **fünf Sinne** Ihrer **Lernenden mit Förderbedarf** und ermöglichen ihnen **ganzheitliche Lernzugänge**! Sie finden hier zahlreiche unaufwändige und kurz erklärte Übungen zum **Fühlen**, **Sehen**, **Hören**, **Riechen** und **Schmecken**, mit denen Sie die Körperwahrnehmung, Motorik und Konzentrationsfähigkeit Ihrer Lernenden spielerisch verbessern können.

- schnell und **vielseitig einsetzbar** in der Sonderpädagogik, der Ergo- und Sprachtherapie oder im inklusiven Unterricht
- auch für **Kinder und Jugendliche mit intensivem Förderbedarf** geeignet
- inkl. 24-seitigem **Begleitheft** mit Hintergrundwissen und Einsatzszenarien

Für die Klassen 1–13

9 783834 662859

www.verlagruhr.de
Verlag an der Ruhr